AF551416

Berger **Gertrud Feiertag und das Jüdische Landschulheim Caputh**

Manfred Berger

Gertrud Feiertag

und das Jüdische Landschulheim Caputh

Eine Dokumentation zur jüdischen Bildungs- und Erziehungsgeschichte in den Jahren 1931 bis 1938

Herausgegeben von Erhard Roy Wiehn
Hartung-Gorre Verlag Konstanz

Umschlag-Titelfoto: Gertrud Feiertag im Alter von ca. 50 Jahren; Quelle: David Feiertag/Ida-Seele-Archiv. Umschlagrückseite: Aus einem Prospekt zum Jüdischen Landschulheim Caputh; Quelle: Ida-Seele-Archiv.
Herstellung: BoD GmbH, Norderstedt

1941–2021
80 Jahre Überfall der deutschen Wehrmacht auf die Sowjetunion und Beginn der Schoáh im Baltikum, in Belarus, Russland und der Ukraine

Bibliografische Information Der Deutschen Bibliothek
Die Deutsche Nationalbibliothek verzeichnet diese Publikation in der Deutschen Nationalbibliografie; detaillierte bibliografische Daten sind im Internet über http://dnb.d-nb.de abrufbar.

Erste Auflage 2021
Hartung-Gorre Verlag Konstanz Germany
ISBN 978-3-86628-708-2 und 3-86628-708-9

Inhaltsverzeichnis

Jüdisches Landschulheim Caputh

CAPUTH BEI POTSDAM

Postkarten vom Landschulheim ; Quelle: Ida-Seele-Archiv

Gertrud Feiertag im Alter von ca. 50 und 35 Jahren;
Quelle: David Feiertag/Ida-Seele-Archiv

Im Jahr 2000 veröffentlichte ich in „aktuell. Informationen aus und über Berlin" einen Beitrag mit dem Titel „Oase in der Wüste. Gertrud Feiertag und ihr Kinder- und Landheim in Caputh" (Berger 2000, S. 23 ff.). Daraufhin erreichte mich eine Flut von Briefen von ehemaligen „Caputhern", wie sie sich selbst nannten, mit Erinnerungen an Gertrud Feiertag sowie an den Heim- und Schulalltag. Zahlreiche Dokumente und Materialien (Fotos, Schulprospekte, Schulzeugnisse etc.) waren den Postsendungen beigefügt. Diese wurden dem „Ida-Seele-Archiv" übereignet, namentlich von: Hans Becker (Brasilien), Ilse Berg (USA), Peter David Ettlinger (Berlin), Hans und Lilli Eppstein (Schweden), Miriam T. Hertzka (Israel), Walter Jacobsohn (Israel), Hans Keilson (Niederlande), Schulamit Khalef (Israel), Lothar Lewinsohn (Israel), Louis K. Meling (USA), Ann Millhauser (USA), Ilse Reisenfeld (USA), Raja Rosenbluth (Kanada), Marguerite Schulé (Schweiz), Steven Strauss (Australien), Herbert Strauss (USA), Ilse M. Thompson (Kanada), Tom Tugend (USA) und Michael Werth (USA). Den Genannten ist vorliegende Publikation posthum gewidmet, wie auch dem 2019 verstorbenen Dessauer Lokalhistoriker Werner Grossert.

Ein besonderer Dank geht an Yael Barzilai für die Abdruckgenehmigung von Fotos aus dem Fotobüchlein ihres Vaters, Daniel Bachrach, „Erinnerungen an das Landschulheim Caputh" (https://www.archiv-log.com/single-post/2017/11/08/caputh).

Prolog

Sehr geehrter Herr Berger,

eine Schulfreundin von meiner Jugend in Berlin, die jetzt auch in Australien lebt, hat mir Ihre Abschrift über das Landschulheim Caputh geschickt. Mein Name ist Steven Strauss, aber er war Siegfried Strauss bis ich den in 1945, als ich in der Australischen Armee war, geändert habe.

Ich war ein Schüler in Caputh von Ostern 1933 bis Ostern 1936. Dann zog ich nach Berlin, weil die Ausbildung in Caputh nicht weiter ging. Ich habe noch einige Bilder von Caputh – die Kopien die ich Ihnen schicke, können Sie behalten.

Die meisten Bilder sind von einer Aufführung eines Schauspiels, dessen Namen ich nicht ganz sicher bin – es könnte „Saul und David" oder „David und Goliath" sein. Das war in 1935. Ich habe David gespielt. Der Junge der Jonathan spielt war Steffen Dienes. Er ist umgekommen als das Schiff auf dem er nach Kanada deportiert wurde von England, von einem Deutschen U Boot gesunken wurde.

2 andere Bilder sind von einer Vorführung vom Mitternachtstraum, wo ich Puck spielte. (1934)

Das Bild von 11 Jungen und einem Lehrer is von „Fusballern". Die Namen sind dahinter. Das Bild wurde aufgenommen in Garten einer der Häuser welches die Schule gemietet hat von einer jüdischen Familie, die in Holland gezogen war.

Ein Bild ist eine Aufnahme der Morgenmusik, welche Schüler im Speisesaal spielten.

So dass Sie wissen wer ich bin, schliesse ich einen Auszug von der Victorian Bar News ein, in welchem einer meiner Abschiedsreden, die ich machte wenn ich von meinem Beruf zurückgetreten bin, gedruckt ist.

Ich hoffe dass Sie verstehen was ich da sagte – ich sprach von Caputh und von meiner kleinen Rolle betreffend Einstein: Besucher Buch etc. Die Sprachen die gelehrt wurden als ich in Caputh war, waren Französisch, Englisch und Hebräisch. Wie Sie sehen können, ich verliess Caputh Ostern 1936, unterbrach meine Schulung von Ostern 1936 bis Ostern 1937 und habe dann, nach 2 Jahren in der Oberrealschule der Jüdischen Gemeinde zu Berlin, mein Abitur Ostern

1939 gemacht. Die Schule war in der Wilsnackerstrasse in Moabit. Diese Schule wurde nicht vernichtet oder beschädigt im November 1938.

Ich weiss dass meine Handschrift scheusslich ist – ich hoffe dass Sie es lesen können – leider kann ich nicht Deutsch auf der Maschine schreiben ohne sehr grosse Schwierigkeiten. Falls sie noch weitere Informationen haben wollen über Caputh und ich Ihnen das geben kann, tue ich das gerne.

Die Ausgabe des „Aktuell" hat mich sehr interessiert und ich versuche jetzt zukünftige Ausgaben davon zu erhalten.

Es grüßt Sie

Steven Strauss

Anhang: Dokument 1

Siegfried Strauss (links) und Steffen Dienes (rechts); „Fußballer" mit ihrem Lehrer Heinz Philippstahl; Morgenmusik im Speisesaal; Quelle: Steven Strauss/Ida-Seele-Archiv

After a few weeks at a Jewish school in Berlin, I was sent to a Jewish boarding school at a village called Caputh. That is near Potsdam and not far from Berlin. Caputh was on the bank of the Havel River which consists of a series of lakes in that area. Several of the rich and famous residents of Berlin had their summer residences in Caputh. Albert Einstein had his summer house on an allotment which was next but one to the school. The name of the school translated into English was "Country Boarding School Caputh".

When Hitler came to power, Einstein was abroad. As I have been told, Einstein was warned by friends not to return to Germany. The school needed additional accommodation for children who like me, were better off away from their homes, and so the school rented Einstein's house for additional accommodation. I was in this house many times. Einstein's visitors' book was there, his correspondence was there and all his other belongings which he normally kept in the house. It was as if he had just left overnight. I don't remember all the famous names in the visitors' book but one of them was Mahatma Gandhi.

The school rented Einstein's house until 9 November 1938. On 9 November 1938 there was what has become known as the Crystal Night. That was the night when Jewish synagogues were burnt including the one where I had become Barmizvah, and when tens of thousands of Jewish men were taken to concentration camps. Einstein's house was then confiscated and the school had to vacate it. I was then no longer a pupil there, but was at a school in Berlin. I had kept in touch with the teachers in Caputh. One of these teachers contacted me and asked me to take Einstein's visitors' book and his private correspondence to the French Cultural Attache in Berlin. I did this. The episode looked a bit like a cloak and dagger operation. The documents had been put into a large envelope which had written on it in the English language: "A stone of wisdom". The translation of the English words "a stone" into German is "Ein Stein".

I had three happy years at Caputh. We were sheltered and had little contact with the general population.

Strauss 1995, S. 54 f; Anhang: Dokument 2

Einsteins Sommerhaus in Caputh, Waldstraße 7; Quelle: Steven Strauss/Ida-Seele-Archiv

1. Einleitung

Die erstmals 1317 erwähnte Ortschaft Caputh, idyllisch gelegen an der sich zu Seen erweiternden Havel südwestlich von Potsdam, zeichnet sich neben seinem landschaftlichem Liebreiz, von dem sich schon Theodor Fontane inspirieren ließ, vor allem durch drei außergewöhnliche Menschen aus: Albert Einstein, Gertrud Feiertag und Magnus Zeller. Die beiden Erstgenannten wohnten für kurze Zeit in unmittelbarer Nachbarschaft. Während Albert Einstein auf der Terrasse seines Sommerhauses schrieb oder mit bedeutenden Persönlichkeiten aus Politik, Wissenschaft, Kunst und Kultur plauderte, spielten nebenan die Jungen und Mädchen aus dem Landschulheim, das Gertud Feiertag 1931 ins Leben rief. Bis zu seiner Übersiedlung in die USA konnten die Landschulheimkinder den weltberühmten Physiker noch fragen, „warum die Sterne nicht vom Himmel fallen“ (Friedlaender 1983, S. 72). Der in der NS-Zeit als „entarteter“ Maler verfemte Magnus Zeller hatte sich 1937 in die Anonymität und Geborgenheit des „stillen Dörfchens“ zurückgezogen, dem er bis zu seinem Tod im Jahre 1972 treu blieb (Kösters 2012, S. 250 ff.).

Des Weitern sind zwei Nazi-Schergen mit dem einstigen Schifferdorf für immer verbunden: Joseph Goebbels und Werner Blankenburg. Erstgenannter, Reichsminister für Volksaufklärung und Propaganda sowie Präsident der Reichskulturkammer, war Besitzer eines Wochenendhauses, das Adolf Hitler öfter aufsuchte. „In Caputh – Magda (Ehefrau von Joseph Goebbels; M. B.) freut sich – Hitler blieb bis Mitternacht“ (Sigmund 2013, S. 86), schrieb der Judenhasser am 20. Juli 1932 in sein Tagebuch. Der in Caputh geborene Werner Blankenburg war einer der Hauptverantwortlichen für die nationalsozialistischen „Euthanasie“-Morde, der Vernichtung der polnischen Juden in der „Aktion Reinhardt“ sowie für die Röntgenkastrationsversuche im KZ Auschwitz (Klee 2007, S. 52).

Während Albert Einstein als Erfinder der allgemeinen Relativitätstheorie weltweite Wertschätzung erlangte, Magnus Zeller inzwischen als expressionistischer Maler sich einer veritablen Popularität erfreut, die beiden enthusiastischen Rassenfanatiker „unrühmlichen Ruhm“ erlangten, ist Gertrud Feiertag nur wenigen „Insidern“ ein Begriff. Fest verankert war ihr Name im Gedächtnis ihrer „Zöglinge“ und Mitarbeiter*innen, von denen heute keiner mehr lebt, die sich rückblickend mit großer Dankbarkeit an sie erinnerten. Bevor die Pädagogin sich in Caputh ansiedelte, war sie viele Jahre in der Erholungsfürsorge auf der Insel Norderney tätig. Die von ihr gegründete Erziehungs- und Bildungseinrichtung war koedukativ und zunächst überkonfessionell ausgerichtet. Sie stad jedoch in Absprache mit der Jüdischen Gemeinde in Potsdam und der „Zentralwohlfahrtsstelle der Juden in Deutschland“ (Arbeitskreis Jüdische Wohlfahrt 2017) vorwiegend jüdischen Jungen und Mädchen, „die gesundheitlich oder erzieherisch gefährdet waren, für einen längeren Aufenthalt offen“ (Feidel-Mertz 2004, S. 23).

Wohl überlegt bezeichnete die Pädagogin ihr „Kinderlandschulheim als Landerziehungsheim und stellte damit eindeutig den Bezug zu den Landerziehungsheimen Hermann Lietz‘ und damit auch zur deutschen Reformpädagogik her“ (Weißer 1998, S. 282). Die Zielsetzung der Bildung und Erziehung im Kinder-Landschulheim orientierte sich an reformpädagogischen Aspekten. Hier lebten die pädagogischen Intentionen der 1920er Jahre fort, „in denen Menschen verschiedener Herkunft und Weltanschauung – Juden und Nichtjuden, Christen, Liberale und Sozialdemokraten – kreativ und sich gegenseitig anregend und vorantreibend zusammengewirkt hatten. Dieses ungemein produktive pädagogische Klima... ist 1933... zerstört worden, es überlebte nur noch für einige Jahre in Enklaven wie Caputh" (Meseberg-Haubold 1998, S. 112). In der Caputher Enklave stand die Lebensgemeinschaft im Zentrum des pädagogischen Geschehens, in der und durch die der Einzelne zu *seiner* Persönlichkeit reifen konnte. Unterricht, Arbeit und soziales Leben waren unter einem Dach vereinigt. Ein weiteres wesentliches Merkmal war, dass Lehrer*innen und Erzieher*innen ihren „Zöglingen" mit Respekt begegneten, diese als eigenständige Individuen anerkannten, annahmen, führten und begleiteten, beschützten und hinsichtlich ihrer jüdischen Herkunft stärkten. Besonders auf schöngeistige Bildung wurde Wert gelegt: Theater, Musik, Malerei, Literatur oder Ausflüge in die nähere Umgebung standen im Zentrum des Schul- und Heimalltags. Thomas Tugendreich, nachmalig Tom Tugend, Sohn des berühmten jüdischen Kinderarztes Gustav Tugendreich, der 1935 von der privaten Montessori-Schule nach Caputh wechselte, schrieb rückblickend über seinen dortigen einjährigen Aufenthalt:

„Now I was sent tor a suburban Jewish boarding school, where I had the time of my life, the best teachers I have ever known, and lived in Albert Einstein's summer home, which he had donated tot he boarding school" (Tugend 2006, S. 36).

Der Erziehungs- und Bildungsstätte war bei ihrer Gründung eine vierklassige Grundschule angegliedert, die u.a. mit den Montessori-Materialien arbeitete. Daneben absolvierten noch einige junge Mädchen einen praktischen Teil ihrer Ausbildung zur Hauswirtschafterin. Ebenso wurden eineinhalb- bis zweijährige Ausbildungskurse für Kinderpflege angeboten. Das Kinder-Landschulheim erhielt keinerlei staatliche oder kommunale Zuwendungen. Es finanzierte sich aus den monatlichen Schulgeldbeiträgen, den Pflegegeldern „sowie durch Unterstützungen von jüdischen Wohlfahrtsorganisationen und gelegentlichen Zuschüssen jüdischer Stiftungen" (Rösch o. J., S. 114). Beispielsweise hatte der 1851 gegründete „Israelitische Frauenverein Potsdam" die Institution mit Spenden unterstützt (Du Moulin 1995, S. 12). Gertrud Feiertag, liebevoll und zugleich respektvoll „Trudebude" oder „Tante Trude" von Groß und Klein genannt, gab den ihr anvertrauten Kindern und Jugendlichen aus meist zerrütteten Familien ein zweites Zuhause, die den Aufenthalt in Caputh, auch wenn er manchmal nur sehr kurz war, für sich und ihren weiteren Lebensweg äußerst prägend empfunden haben.

Unmittelbar nach der Machtergreifung war die Einrichtung unliebsamen Angriffen und Schikanen ausgesetzt. Das ehemalige Landschulheimkind Ludwig Klimowski, später Louis Meling, erinnerte sich an folgenden Vorfall, der sich bereits im Jahr der Machtergreifung ereignete:

„Mein Bruder (geb. 1929) und ich (geb. 1925) waren ca. 1933 in Caputh... Wir wussten nichts von der Nazi-Regierung. Aber in einer Nacht umzingelte eine **Masse Menschen das Heim. Sie sangen das Lied ‚Wenn das Judenblut vom Messer spritzt, dann wird es besser sein' mit lauten Tönen. Wir bekamen Angst** zum ersten Mal. Aber die Menge Leute kamen nicht in das Gebiet des Landschulheims" (Anhang: Dokument 3).

Doch mehr und mehr nahmen die Repressalien der Erziehungs- und Bildungsinstitution gegenüber zu, das schließlich von der Nazi-Administration gezwungen wurde, sich als „reine" jüdische Einrichtung zu definieren. Am 10. November 1938 eskalierten die Exzesse. Eine Horde von Menschen in Nazi-Uniform sowie aufgehetzte Dorfbewohner, Kinder, Jugendliche wie Erwachsene, zerstörten in kürzester Zeit Gertrud Feiertags Lebenswerk. Der Pädagogin weiterer Lebensweg, der mancher Caputher Mitarbeiter*innen und von mindestens 11 Landschulheimkindern, bspw. von Heinz Bonnem, (Siebold, o. J. https://www.stolpersteine-berlin.de/de/biografie/2495), endete im Inferno der Konzentrationslagern des NS-Regimes.

2. Biographische Eckdaten zu Gertrud Feiertag

Gertrud Feiertag, „geb. 4. 7 1890 in Berlin" (Bundesarchiv Berlin) wuchs zusammen mit drei Geschwistern in einer gutbürgerlichen liberal eingestellten jüdischen Familie auf. Der Vater, Alex Feiertag, war Kaufmann und geschäftlich viel unterwegs. Die Mutter; Rosa (Róża) Feiertag, geb. Silber, zeichnete für die Führung des Haushalts sowie die Erziehung der Kinder verantwortlich. Vor allem über ihre Großeltern wurde Gertrud mit den Riten, Gebräuchen, Feiertagen und Symbolen des Judentums vertraut gemacht. Der familiäre Hintergrund vermittelte ihr auf der Grundlage der „Zehdakah" „ein klares Selbstverständnis Armen und Schwachen zu helfen, dem sie ihr Leben lang nachkommen wird. Schon als sehr junges Mädchen organisierte sie selbständig Sammelaktionen, um notleidende Menschen in den Berliner Proletariervierteln mit Nahrung und Kleidung zu

versorgen. Die Eltern schufen ihren Kindern ein kulturell anregendes Heim, in dem insbesondere Musik gepflegt wurde und Theaterbesuche keine Seltenheit waren. Vor allem der Vater, der bedingt durch seinen Beruf sehr weltoffen war, eröffnete seiner Tochter die Gedankenwelt der klassischen humanistischen Bildung, der Kunst und Musik" (Berger 2003, S. 10 f). In ihrer Heimatstadt besuchte sie von 1897 - 1906 die „Luisen-Schule", welche die erste städtische Höhere Mädchenschule Berlins war. Im Alter von 17 Jahren verlor Gertrud Feiertag ihre geliebte Mutter. Fortan war sie für die Haushaltsführung zuständig und musste zusätzlich dem Vater bei anfallenden Büroarbeiten behilflich sein. Liebend gerne wäre sie Lehrerin geworden, aber die familiäre Situation ließ diesen Berufswunsch nicht zu. Schließlich absolvierte sie 1911-1913 die Kindergärtnerinnenausbildung am renommierten Berliner „Pestalozzi-Fröbel-Haus" (PFH). Noch vor Beginn des Ersten Weltkrieges begann die ausgebildete Kindergärtnerin eine erzieherische Tätigkeit während der Sommermonate im „Kinder-Erholungsheim der Zion-Loge U.O.B.B." (Hannover) auf der „Judeninsel Norderney" (Tielke 1988, S. 189 ff.). Während der Kriegsjahre weilte Gertrud Feiertag in Berlin, da der Heimbetrieb in Norderney eingestellt worden war. Sie absolvierte von November 1914 bis Oktober 1915 im PFH die Jugendleiterinnenausbildung, wo sie auch als „Mentorin für die nachwachsende Studentinnen-Generation wirkte (Feidel-Mertz/Paetz o. J., o. S.). Folgend leitete sie für ein Jahr einen Kriegshort der „Freiwilligen Kriegshilfe" und übernahm dann bis Oktober 1919 die Leitung des Kindertagheimes „Kinderhort 1915". Beide Einrichtungen befanden sich in Berlin-Schöneberg. Nach Kriegsende arbeitete die Pädagogin wenige Monate als Bezirksfürsorgerin im Jugendamt Berlin-Schöneberg. Anschließend kehrte sie nach Norderney zurück und zeichnete für 10 Jahre als Heimleiterin des jüdischen Kindererholungsheims verantwortlich. In den Jahren 1929 und 1930 absolvierte sie den „Studienkurs für Berufstätige (Vollstudium II)" an der „Deutschen Akademie für soziale und pädagogische Frauenarbeit", die 1925 Alice Salomon gründete und im Verbund mit Hilde Lion leitete. Bereits zuvor hatte Gertrud Feiertag in den Wintermonaten der Jahre 1924/1925, 1925/1926 und 1926/27 Kurse an genannter Ausbildungsstätte besucht. Dort hörte sie „Vorlesungen" bei Gertrud Bäumer, Charlotte Dietrich, Alice Salomon, Eduard Spranger, Frieda Wunderlich, um nur einige zu nennen:
https://de.wikipedia.org/wiki/Gertrud_Feiertag - cite_note-1 (Braun 2002, S. 5 f; Kirschninck 2020, S. 125 ff.; Pauluhn 2011, S. 11 ff.).

Nachdem Gertrud Feiertag Norderney verlassen hatte, gründete sie mit finanzieller Unterstützung ihres Bruders und dank einer kleinen väterlichen Erbschaft in Caputh in einer geräumigen Fachwerkvilla, umgeben von einem großen Grundstück, ein „Kinder-Landheim zur Erziehung, Pflege und Erholung", welches sich mit zunehmenden Jahren zu einer „Zuflucht und ‚Heimstatt für die Bedrängten'" (Feidel-Mertz 2004, S. 23) entwickelte.

Als „sog. Volljüdin" (Bundesarchiv Berlin) und Leiterin einer jüdischen Erziehungs- und Bildungsinstitution geriet Gertrud Feiertag, die seit August 1938 den stigmatisierenden Namen Sara als zweiten Vornamen führen musste, immer wieder in Konflikt mit der NS-Administration, aber auch mit manchen Dorfbewohnern. Am 10. November 1938 wurde sie aus Caputh vertrieben, ihr Landschulheim total verwüstet. Schließlich resignierte die Heimleiterin und gab am 26. Februar 1939 ihre reformpädagogische Einrichtung offiziell auf. Haus und Grundstück, Potsdamer St. 18, gingen an die Stadt Berlin über. Die Ausgestoßene wohnte zuerst in „Berlin-Zehlendorf, Am Fuchspoß 36 (b. Bruno Götz)", später in „Berlin-Charlottenburg, Droysenstr. 7" (Bundesarchiv Berlin).

Die Pädagogin engagierte sich in Berlin u.a. als Beraterin in der Frauenabteilung des jüdischen Hilfsvereins der „Reichsvereinigung der Juden in Deutschland" (RVJD), einer Zwangsvereinigung aller jüdischen Gemeinden und Organisationen, die von den Nazis 1939 zwecks besserer Kontrolle angeordnet worden war (Maierhof 2002, S.157 ff.). Darüber hinaus sorgte sie sich um ihre ehemaligen „Zöglinge". Dazu gehörten u.a. Steffen Dienes, Elisabeth Rosenthal, Sylvia Wagenberg sowie Frank und Ursula Zippert. Schulamit Khalef (vormals Sylvia Wagenberg) erinnerte sich rückblickend:

„Ich war so wie viele andere bis zur Kristallnacht in Caputh. Ich bin im Juni 1928 geboren. Nach Caputh war ich wieder in Berlin und nach ein paar Monaten von Anfang 1939 im (jüdischen, M. B.) Kinderheim Ferbelinerstr. 92 (das von 1910 - 1942 bestand, M. B.). Als meine Mutter August 1939 nach England ging, und mich in Berlin lies, ernannte sie ‚Tante Trude' als meinen ‚Vormund'. Sie arbeitete in der jüdischen Gemeinde in Berlin und so erfuhr sie im Sommer 1942 dass man das ganze Kinderheim ins Lager schickt (wahrscheinlich nach Riga), und da holte sie mich raus und zu ihr in die Wohnung. So hat sie mir natürlich das Leben gerettet. Ich habe bis zu meiner Deportation nach Auschwitz am 19 - 20 April 1943 mit ihr zusammengewohnt und war den ganzen Tag mit ihr in der Gemeinde. Um mein Dasein zu rechtfertigen habe ich die Deportationsbriefe verteilt. Auf diese Weise konnte ich in Berlin bei ihr bleiben“ (Anhang: Dokument 4).

Für das Austragen der Deportationsbriefe erhielt das 14-jährige Mädchen eine Sondererlaubnis für die Benutzung der öffentlichen Verkehrsmittel, was ja den jüdischen Mitbürger*innen schon längst untersagt war. Da „stockt einem der Atem, wenn man sich das vorstellt. Ein Kind muss sein Dasein rechtfertigen, unter Beweis stellen, dass es verdient hat zu leben“ (Steinitz/Scheer 2019, S. 58).

Ferner beteiligte sich Gertrud Feiertag, zusammen mit dem ehemaligen Leiter der Heimschule des Kinder-Landheims, Fridolin Friedmann, innerhalb der RVJD, Abteilung Kinderauswanderung, an den „Kindertransporten“ von Deutschland nach England. Dieses Unterfangen dauerte neun Monate vom 1. Dezember 1938 bis zum 1. September 1939. Diesbezüglich hatte sie Kontakte zu der Arbeit der „German Jewish Children’s Aid“ und den englischen Quäkern („society of frieds“). Über letztgenannte religiöse Interessengemeinschaft schrieb Gertrud Feiertag wohlwollend an eine Freundin: „Hier erlebe ich einen ganz anderen Geist als den autoritätsfixierten der Gegenwart. Ein befreiendes Gefühl und ein überaus traumhaft schönes Erlebnis“ (Braun 2002, S. 11). Die Transporte, die ca. 500 Kinder pro Zug aufnahmen und beinahe 10 000 jüdische Kinder aus Deutschland, Österreich, Polen und der Tschechoslowakei nach England brachten, wurden von wenigen Erwachsenen begleitet, die umgehend wieder nach Deutschland zurückkehren mussten, um nicht deren Fortführung „zu gefährden. Daraus ergab sich, dass die Kinder überwiegend sich selbst überlassen blieben. Ältere Jungen und Mädchen wurden angewiesen, ein Auge auf die kleinsten Kinder des Transports zu haben“ (Salewsky 2011, S. 21). Auch Gertud Feiertag hatte, „als das noch möglich war, mehrere ‚Kindertransporte‘ nach Großbritannien begleitet. Sie hätte dort bleiben können, sie hätte ihr Leben retten können. Aber sie kam immer zurück, in Berlin wurde sie gebraucht, nicht zuletzt von ihrem Mündel Sylvia Wagenberg“ (Steinitz/Scheer 2019, S. 214). Demgegenüber kehrte Fridolin Friedmann von einer Kindertransportbegleitung nicht mehr zurück. Das große Trauma der Transportkinder war, ihre Eltern, ihre Sprache, ihre Freunde, ihre Heimat, alles was ihnen vertraut war, verlassen zu müssen. Auf dem Bahnsteig gab es kein „lautes Weinen, Geschrei oder herzzerreißende Gefühlsausbrüche…, die Tränen brannten im Inneren eines jeden Herzens“ (Franken 2005, S. 67). Diese Situation betrübte Gertrud Feiertag schwer, wie auch die Entscheidung zu treffen, welches Kind mit dem Transport nach England darf. Mit all ihr zur Verfügung stehenden Kraft setzte sie sich für ihr Landschulheimkind Steffen Dienes ein. Dieser stand bereits auf der Liste für einen Kindertransport, wurde aber vom Londoner Büro kurzfristig mit der Begründung, „wir nehmen keine Kinder mit Erziehungsschwierigkeiten“ (Braun 2002, S. 12) abgelehnt. Irgendjemand musste Intrigen gestreut haben. Schließlich durfte der Junge dank ihrer Interventionen doch mit nach England. Ein Jahr später erhielt Gertrud Feiertag die traurige Nachricht, dass Steffen Dienes mit dem Passagierschiff „City of Benares“ der britischen Reederei Ellermann Lines nach Kanada abgeschoben wurde. Am fünften Tag der Überfahrt torpedierte ein deutsches U-Boot in der Nacht vom 17. zum 18. September 1940 den Ozeandampfer im Nordatlantik, der innerhalb von 30 Minuten sank. Knapp 400 Passagiere waren dem tobenden Meer ausgesetzt, darunter weitere 90 jüdische Kinder, vermutlich auch einige abgeschobene aus Caputh. Steffen Dienes gehörte zu den 250 Passagieren, die ihr Leben lassen mussten. En passant: Auf der „City of Benares“ befand sich auch Monika Mann, ungeliebtes Kind von Thomas und Katia Mann, und ihr Ehemann, der ungarische Kunsthistoriker Jenö Lányi. Monika Mann überlebte die schier unglaubliche Schiffskatastrophe, während Jenö Lányi ertrank. Erika Mann setzte mit ihrem Kinderbuch „A Gang of Ten“ (1942) den 73 ertrunkenen Kindern ein jugendliterarisches Denkmal. Erst 48 Jahre später erschien genanntes Werk in deutscher Sprache unter dem Titel „Zehn jagen Mr. X“ (1990) (Berger 1999, S. 1 ff).

Transportliste nach Auschwitz;
Quelle: https://www.statistik-des-holocaust.de/OT38-9.jpg

Am 17. Mai 1943 verließ der 38. Osttransport mit 395 jüdische Bürgern, darunter Gertrud Sara Feiertag, Nr. 172, den Güterbahnhof Putlitzstraße Berlin-Moabit in Richtung Auschwitz. Zwei Tage später erreichte der Transport mit mindestens

385 lebenden Menschen sein Ziel. Bei der Selektion an der berühmt berüchtigten Rampe wurden 80 Männer und 115 Frauen ins Lager eingewiesen, der „Rest“ wurde einer Sonderbehandlung, d. h. den Gaskammern, zugeführt (http:/www. tenhumbergreinhard.de/transportliste-der-deportierten/transportliste-der-deportierten-1943/ transport-17051943-berlin-moabit.html). Auch die Landschulheimkinder Clara Wagenberg (später Tamar Berger) und Sylvia Wagenberg wurden am 19. April 1943 nach Auschwitz verschleppt (Grossert o. J., S. 35 ff.). Da die beiden jungen Frauen Mitglieder im Mädchenorchester des KZs waren, hatten sie eine größere Überlebenschance (Knapp 1996). Sylvia ist ihrer bereits todkranken, abgemagerten und geliebten „Tante Trude“ nochmals begegnet. Schulamit Khalef sagte in einem Interview, sie „war die letzte Person, die mit ihr ein paar Worte wechseln konnte“ (Franken 2005, S. 116; Anhang: Dokument 4). Es ist vermutlich eine Fehldeutung, dieses Zusammentreffen Sylvias Schwester zuzuschreiben, die in einem Interview berichtet habe:

„Ich bin unter Lebensgefahr noch gegangen, sie zu sehen. Hab ihr natürlich nicht erzählt was ihr bevorsteht. Nette Leute haben es ihr irgendwie erzählt, aber sie hat mich gefragt: ‚Was stimmt?‘ Hab ich gesagt: ‚Ich war nicht dort, ich kann’s dir leider nicht sagen. Du gehörst in ein Spital, denn du scheinst auf den Weg zu sein, Flecktyphus zu bekommen‘. Das hat sie beruhigt, da sie nun wußte, warum sie sich so schlecht fühlte, so kraftlos… Sie war schon halb bewußtlos. Ich hab für sie getan, was ich konnte‘“ (Feidel-Mertz 2004, S. 30).

Am nächsten Tag nach dieser Begegnung, am Jom Kippur 1943, wurde Gertrud Feiertag in eine der Gaskammern von Auschwitz geschickt (Steinitz/Scheer 2019, S. 111). Die ansonsten so akribisch arbeitende Lagerverwaltung hatte ihren Tod nicht registriert. Diesbezüglich existieren keine Akten (Anhang: Dokument 5). Im Gedenkbuch des Bundesarchivs in Koblenz heißt es dazu kurz gefasst: „1943 in Auschwitz verschollen“ (Feidel-Mertz 2004, S. 30).

3. Jüdisches Kinder-Erholungsheim auf Norderney

Postkarte vom Erholungsheim; Quelle: Raja Rosenbluth/Ida-Seele-Archiv

Erste Praxiserfahrungen sammelte Gertrud Feiertag als ausgebildete Kindergärtnerin und nach dem Ersten Weltkrieg als gelernte Jugendleiterin auf der Insel Norderney, wo die Zion-Loge Hannover ein Erholungsheim errichtet hatte, das am 9. Juli 1911 offiziell eingeweiht wurde (Berger 2003, S. 11). Im Jahre 1919 übernahm sie die Leitung des Erholungsheimes. In den Jahren auf Norderney entwickelte Gertrud Feiertag ihr pädagogisches Konzept und sammelte die praktischen Erfahrungen im Umgang mit Kindern, auf denen später ihre eigene Heimgründung in Caputh beruhte. Dazu gehörte auch, dass sie jungen jüdischen Mädchen die Gelegenheit gab, theoretische wie praktische Erfahrungen in verschiedenen Fächern, wie Hauswirtschaft, Kochen und Kinderpflege zu sammeln. Das Kinder-Erholungsheim entwickelte sich zu einer wichtigen Ausbildungsstätte für Kindergärtnerinnen, Hortnerinnen und Jugendleiterinnen, die dort ihre vorgeschriebenen Praktika absolvierten. Hierzu arbeitete die Heimleiterin mit namhaften sozialen Bildungseinrichtungen in Berlin zusammen. Dazu zählten folgende: „Friedrich-Fröbel Haus", „Pestalozzi-Fröbel-Haus", „Verein Jugendheim", „Soziale Frauenschule" und „Deutsche Akademie für soziale und pädagogische Frauenarbeit". Die genannten sozialen Ausbildungsstätten wurden seinerzeit von hochangesehenen Frauen der Wohlfahrtspflege geleitet, wie Lili Droescher, Anna von Gierke, Alice Salomon und Hilde Lion, die in „einen Kreis reformpädagogischer Pädagoginnen in Berlin" (Schroedter 2007, S. 135) eingebunden waren. In Norderney entstand auch die Titulierung „Trudebude" oder „Tante Trude" (Pauluhn 2003, S. 35). Das Heim, indem einheimische Kinder gewöhnlich ein und aus gingen (Feidel-Mertz/Paetz o. J., o. S.), war vom 1. Mai bis 30. September in Betrieb. Aufgenommen wurden für jeweils vier Wochen an die 90 nur gesunde und jüdische Kinder im Alter von ca. 6 bis 14 Jahren, die je nach Alter und Geschlecht in sieben Gruppen eingeteilt wurden. Im Durchschnitt waren um die 10 „Tanten" für die Betreuung und Erziehung der Jungen und Mädchen sowie 12 Personen für den Hauswirtschafts- und Pflegebereich zuständig. Die Kinder wurden von ausgebildeten Kindergärtnerinnen, Hortnerinnen oder Jugendleiterinnen betreut, unterstützt von zwei noch in der Ausbildung stehenden jungen Frauen. Die Betreuung und Erziehung der aus den verschiedensten Gesellschaftsschichten kommenden und plötzlich zu einer Gruppe zusammengewürfelten Kindern erforderte von den „Tanten", wie Gertrud Feiertag konstatierte, ein feines, verstehendes Nachgehen:

„Der Tante liegt es ob, bei möglichst weitgehender Berücksichtigung der Wünsche und Neigungen der ihr anvertrauten einzelnen Kinder, das Gleichgewicht, ein Einheitliches in ihrem kleinen Kreise, ohne Zwang herzustellen. – Die

Schläfrigen und Schüchternen heranzuziehen, sie durch Bitte um kleine Hilfsleistungen, Überlassen von Ämtern, in ihrem Zugehörigkeits- oder Selbstgefühl zu stärken, die Überschäumenden abzulenken, sie mit Rücksicht auf die ‚anderen' abzudämpfen, ihnen aber auch bei geeigneter Gelegenheit die Möglichkeit der ihnen so lebensnotwendigen Ausweitung zu geben. – Zur Verwirklichung dieser pädagogischen Regel gehört ein feines, verstehendes Nachgehen, für die Eigenart der Kinder, eine leise, unmerkbare Hand. – Denn jede spürbare Leistung, Erziehung weckt Widerstand und Gegenkräfte" (Berger 2003, S. 12).

Für Theater- oder Bastelgruppen konnten sich die Kinder freiwillig anmelden. Besonderer Wert wurde auf die Körper- und Gesundheitspflege gelegt. Größere Wanderungen zur Förderung der körperlichen Ertüchtigung standen mindestens zweimal in der Woche an. „Das beste Mittel, die Kinder den Pulsschlag der Natur fühlen zu lassen", schrieb Gertrud Feiertag, „sind Ausflüge ins Freie. Ein lustiges Lied schürt die Wanderlust. Die Luft weht uns frischer an; wir merken, wie die Lunge sich dehnt und die Stimmung steigt" (Du Moulin 1995, S. 14). Wenn möglich, ging an drei Tagen in der Woche ein Teil der Kinder ins Warmbadehaus, ein Teil an den Strand zum Kaltbaden, je nach ärztlicher Verordnung. Ansonsten hielten sich die Kinder bis zum Mittagessen am Strand oder in den Dünen auf. Nach dem Essen musste bis ca. 15 Uhr Mittagsruhe im Bett eingehalten werden. Am Abend gab es gemeinsames Programm: Theater, Erzählungen und viel Musik. Die Kinder brachten zum Teil ihre Musikinstrumente „(Blockflöte, Okarinen, Geigen) oft von zu Hause mit; im Heim stand ein Klavier zur Verfügung. Es gab am Tag fünf Mahlzeiten (viel Gemüse und Obst; M. B.); das Essen war koscher" (Lütkemeier 1992, S. 143). Wie es scheint, hat es den Kindern auf Norderney gefallen (Anhang: Dokument 6). Die Begründerin der „Themenzentrierten Interaktion" (TZI), Ruth Charlotte Cohn, weilte als Achtjährige auf Norderney. Die hochanerkannte Psychoanalytikerin erinnerte sich im Alter von 89 Jahren an schöne und weniger schöne Momente:

„Ich weiß, daß neben dem Haus noch ein eigenes Sandstück war und daß der Weg zum Meer für meine Beine nicht sehr nah war – über die Dünen. Die Leiterin jener Zeit (1920) war Gertrud Feiertag. Ich glaube, relativ jung für diesen Job. Aus meinem Wissen über Pädagogik bin ich sicher, daß sie den Kindern, den Jungen und Mädchen, mehr Freiheit erlaubte als üblich. Ich weiß nicht genau, wie viele Kinder da waren, schätze es heute auf mindestens hundert. ‚Tante Gertrud' hatte im Sommer Geburtstag (wahrscheinlich im August). Ich wurde von jemand auf einen Tisch gehoben, da es keine Bühne gab, um ihr ein selbstgemachtes Gratulationsgedicht vorzutragen. Das war persönlich gesprochen, mein erstes öffentliches Auftreten. Daß es auch traditionelle Erziehungstechniken gab, erinnere ich nur dadurch, daß ich vom Mittagessen bis zum Abend nichts anderes bekam als das mir widerliche Gericht, respektive das zuviel. Die schönste Erinnerung war, daß ich als älteste der Kleinen (gerade dort 9 Jahre alt geworden) die Freitagabendstunde (beginnt der Sabbat; M. B.) mit ‚Tante Trude' und den Großen besuchen durfte" (Pauluhn 2003, S. 53 f).

Postkartenmotive; Quelle: Ida-Seele-Archiv

4. Die äußere und innere Entwicklung des Kinder- und Landschulheims Caputh

Die das Haus unmittelbar umgebende Nähe von Wald und Wasser, von Obstbäumen bestandenen Hängen, die gesunde Luft und die dörfliche Idylle erinnern an die Lage der Landerziehungsheime von Anna Essinger, Paul Geheeb, Kurt Hahn, Hermann Lietz, Julius Lohmann, Bertha von Petersenn, Gründerin des ersten Landerziehungsheimes für Mädchen, Gustav Wyneken und zahlreicher anderer Nachfolgeeinrichtungen (Badry 1979, S. 152 ff.; Berger 1997, S. 47 ff.; Berger 2008; Oelkers 1992). Junge Menschen sollten die Möglichkeit erhalten, nicht länger den seelischen und körperlichen Gefahren des Großstadtlebens ausgesetzt zu sein, sondern in natürlicher Umgebung gesund aufwachsen können. In einer ihrer wenigen Veröffentlichungen resümierte Gertrud Feiertag über die besondere Bedeutung einer zurückgezogenen ländlichen Umgebung für eine gesunde seelische und körperliche Entwicklung der Jugend:

„Die Großstadt unserer Zeit mit ihrem geräuschvollen Leben und Treiben sowie verpesteten Luft wird oft genug zur körper- und seelenverderbenden Gefahr für unsere Jugend ... Demgegenüber wirkt Caputh mit seinen naturgegebenen Bedingungen geradezu heilend auf den jungen Menschen, stärken und kräftigen seinen Geist, seinen Leib und seine Seele ... Die Natur formt den Menschen. Sie nötigt diesen, sich ihren Forderungen anzupassen; sie öffnet seine Sinne, ihre Gesetze zu erkennen, und gibt ihm Einsicht, diesen Gesetzen auch in seinen eigenen Werken zu gehorchen; die Natur zeigt dem Menschen ferner ihre Wunder und ihre Schönheit und erhebt in Andacht sein Gemüt: Die Erziehung soll die Jugend mit Auge, Herz und Hand in die Natur verankern“ (Du Moulin 1995, S. 24).

Die Pädagogin wusste dennoch, trotz aller Naturverbundenheit und Großstadtkritik, um die Vorteile einer größeren nahegelegenen Stadt, gerade was kulturelle und bildungsfördernde Angebote betraf. So waren Theater-, Konzert- und Museumsbesuche in Potsdam oder Berlin keine Einzelerscheinung. Aus genannten Städten kamen bspw. hochkarätige Musiker und gestalteten gemeinsam mit den Kindern Konzerte, wozu auch die Dorfbewohner eingeladen wurden, die jedoch zaghaft den Einladungen in die *jüdische* Einrichtung folgten (ebd., S. 24 ff.).

Wie alle der voranstehend genannten Landerziehungsheimgründer*innen gehörte auch Gertrud Feiertag nicht zu den produktiven Theoretiker*innen, „die in den Gang geschichtlich-pädagogischen Denkens eingegriffen oder ihn gar epochemachend bestimmten. Die von ihnen realisierten pädagogischen Ideen waren nicht ihr originäres Gedankengut. Aber sie haben gültige pädagogische Maxime zu einer neuen Synthese vereinigt, in gestalthafte Konzepte umgesetzt, Modelle und Möglichkeitsbedingungen für deren Verwirklichung geschaffen“ (Badry 1979, S. 152).

Ungeachtet aller Bewunderung und Verehrung, die „Tante Trude“ rückblickend von ehemaligen „Caputhern“ entgegengebracht wurde, war sie doch auch nur ein Mensch. Ihr rutschte schon die Hand aus oder griff zu Strafmaßnahmen, die seinerzeit gängig waren, uns heute aber sehr fragwürdig erscheinen, z. B. früher ins Bett gehen zu müssen oder ungerechtfertigte Ohrfeigen (Anhang: Dokument 7). Folgend drei Beispiele:

„Und dann kam Tante Trude und hat mir ´n paar geknallt und hat mich ins Turmzimmer geschickt zur Strafe auf ´ne Woche“ (Feidel-Mertz/Paetz 1994, S. 131).

„So mußten wir, unsere Klasse alleine, früher Abendbrot essen, und früher ins Bett gehen“ (ebd., S. 94).

Ein ehemaliges Landschulheimkind berichtete, dass Gertrud Feiertag eilfertig tätlich auf vermutete sexuelle Praktiken unter Jungen reagierte. Ihre Reaktion hatte für den zu Unrecht beschuldigten Knaben tiefgreifende Spätfolgen. Der Beklagte, der die ihm unterstellten sexuellen Handlungen überhaupt noch nicht kannte, antwortete auf die Frage der Heimleiterin, wie er „sich verhalten würde, wenn er Gelegenheit dazu bekäme, das könne er erst sagen, wenn das tatsächlich der Fall wäre. Er erhielt daraufhin einen ‚Schlag mitten ins Gesicht‘, der ihn veranlasste, sofort aus dem Heim wegzulaufen. Der Vorfall hat sich, wie er selbst berichtet, auf sein späteres Sexualverhalten prägend ausgewirkt“ (Feidel-Mertz 2004, S. 27).

4.1 Die Anfangsjahre

In ihrem Bericht „Unser Kinderheim in Norderney“ hatte Gertrud Feiertag geäußert, „die geleistete ‚Kurz- und Freizeitpädagogik‘ über die Sommersaison hinaus einmal in einer dauerhaften Einrichtung kontinuierlich fortsetzen zu können“ (ebd., S. 22). Ihr Wunsch sollte sich fünf Jahre später erfüllen. Sie erwarb in Caputh, Potsdamer Straße 18, von einem Berliner Schokoladenfabrikanten dessen Wochenendhaus, nebst weitläufigem Grundstück mit Blumen- und Gemüsebeeten sowie vielen Obstbäumen. Kurzum: der ideale Ort für ein Landschulheim. Die geräumige Fachwerkvilla „verfügte über 270 m^2. Im Keller waren die Küche, Vorratsräume, Waschküche, Kleiderablagen, ein Duschraum mit Badewannen und Kindertoiletten untergebracht. Im Erdgeschoß befanden sich der Eßsaal, das Büro, drei Schlafzimmer, ein Arbeits- und ein Schlafzimmer von Gertrud Feiertag sowie ein Bad und Toiletten. Im ersten Stock waren drei große Schlafzimmer für 18 Kinder, ein kleines Zimmer für eine Kindergärtnerin und ebenfalls Bad und Toiletten. Noch einmal vier Kinderschlafzimmer für insgesamt 12 Kinder, je ein Schlafzimmer für eine Lehrerin und eine Kindergärtnerin und zwei Bäder und Toiletten befanden sich im zweiten Stock“ (Feidel-Mertz/Paetz 1994, S. 40 f; Anhang: Dokument 8 u. 9). Ein kleineres Haus auf dem weitläufigen Areal nahe am Kiefernwald wurde als Schule genutzt. Drei Unterrichtsräume, eine kleine Werkstatt, ein Angestelltenzimmer und ein Hühnerstall beherbergte das Gebäude, welches wegen seiner

Abgeschiedenheit einen Nachtwächter benötigte. Zur Bewachung teilte die zuständige Behörde, schrieb vier Jahrzehnte später Musiklehrer Hans Eppstein, „uns ein notorisch unzuverlässiges Subjekt zu, das immer gerade da war, wo nichts passierte (und leider passierte gelegentlich etwas)" (Feidel-Mertz/Paetz 2009, S. 125 f).

Am 21. April 1931 zeigte Gertrud Feiertag der Potsdamer Regierung die Eröffnung ihres „Kinder-Landheimes zur Erziehung, Pflege und Erholung" an. Zugleich beantragte sie die Genehmigung zur Durchführung des Schulunterrichts für die ersten bis fünften Klassen im eigenen Haus. Für ihr Vorhaben hatte sie sich vorsorglich die Unterstützung durch die Jüdische Gemeinde Potsdam und der „Zentralwohlfahrtsstelle der Juden in Deutschland" gesichert (Feidel-Mertz/Paetz 1994, S. 35). Eine staatliche Unterstützung blieb aus, vielen Eltern fiel es schwer, die 70 Mark Schulgeld aufzubringen. Aufgenommen wurden überwiegend Kinder mit Verhaltensauffälligkeiten sowie solche, „denen aufgrund ihres geschwächten Gesundheitszustandes kein längerer Schulweg zuzumuten war" (ebd.). Joseph Walk, von 1978 bis 1983 Direktor des „Leo Baeck Instituts" in Jerusalem, sprach gar von einer Einrichtung „für Kinder aus zerrütteten Familien" (Walk 1991, S. 164).

In einem Schreiben an die Potsdamer Regierung konstatierte die Heimgründerin über die religiöse Ausrichtung ihrer Institution, dass diese, „ohne damit eine konfessionelle Abgrenzung vornehmen zu wollen... in erster Reihe zur Aufnahme jüdischer Kinder bestimmt sei, da hierfür in beteiligten Kreisen ein besonderes Bedürfnis besteht" (Feidel-Mertz/Paetz 1994, S. 35). Daraus lässt sich schließen, dass die Einrichtung anfänglich nicht ethnisch gebunden, „eher interkonfessionell' oder ‚international' ausgerichtet gewesen (war M. B.) als ‚jüdisch'" (Feidel-Mertz 2002, S. 166). Einige Landschulheimkinder waren wie ihre Eltern evangelische Christen: „Wir haben überhaupt keine Unterschiede gespürt. Ob Jude oder Nicht-Jude – das spielte doch keine Rolle", erinnerte sich Ernst David Ettlinger an seine Zeit in Caputh (Du Moulin 1997, S. 27). Gertrud Feiertag hat sich nicht explizit mit dem Judentum identifiziert. Dass sie sich dennoch der jüdischen Schicksalsgemeinschaft verpflichtet fühlte, belegt ihr pädagogisches Handeln, das zentralen Maximen der jüdischen Ethik und Soziallehre entsprach. Rudi Michel, vormals Michael Reuwen, der von 1931 - 1934 als Lehrer für Biblische Geschichte und Hebräisch in Caputh arbeitete, berichtete in einem Interview von Gertrud Feiertags anfänglicher Absicht, eine „überkonfessionelle" Einrichtung zu gründen:

„Ich war Student in Berlin und suchte irgendeine Arbeit, um etwas zu verdienen, um mein Studium zu bezahlen. Ein Freund hat mir gesagt, dass hier ein Kinderheim gegründet ist. Und die Gründerin und Leiterin sucht einen jungen Mann, um die Kinder im Sommer zu beschäftigen. Und ich fuhr hinaus und stellte mich vor bei Frau Feiertag. Also wir unterhielten uns. Wahrscheinlich gefiel ich ihr. Dann fragte sie mich am Schluss, was ich studiere. Da sagte ich, ich studiere an der Hochschule für die Wissenschaft des Judentums. Und da sagte sie: Ach, sie sind Jude? Und da sagte ich ja. Sie: Na, das macht nichts. Sie hatte so mehrere Ideale gehabt und wollte so mehr ein interkonfessionelles Heim gründen. Also auch christliche Jungen und Lehrer aufnehmen, was ihr nicht gelungen ist" (https://rundfunk.evangelisch.de/ kirche-im-radio/feiertag/sag-mir-wo-die-kinder-sind-11467).

Wie schon erwähnt, stellte Gertrud Feiertag mit der Machtergreifung das Landschulheim auf die generelle Ingestion von jüdischen Jungen und Mädchen um, die größtenteils aus einem dem Judentum völlig entfremdeten Milieu kamen (Michel 1934, S. 9). Trotzdem blieb die Einrichtung offen für Mitarbeiter*innen anderer Religionen. Ein Beispiel: Margarte Hirsch arbeitete nach ihrer Ausbildung zur Kindergärtnerin im Jahr 1932 in einer jüdischen Familie, wechselte dann an das Landschulheim Caputh. Dort lernte sie „in fünf Monaten mehr vom Jüdisch-Sein, als in ihrem ganzen Leben vorher und auch nachher. Es wurden alle Feste feierlich begangen und – obwohl offiziell evangelisch – fühlte sie sich dazugehörig." Dieses „zionistische Haus", war für Margarete Hirsch, wie sie rückblickend sagte, „der Anfang meines praktischen jüdischen Lebens" (Koschwitz-Newby 1995, S. 184).

Am 1. Mai 1931 wurde das Kinder- Landheim ohne formelle Genehmigung mit 9 Kindern eröffnet. Die Pression durch das Landesjugendamt der Provinz Brandenburg erfolgte am 8. September 1931. Darin war jedoch nicht die Genehmigung für den Betrieb einer privaten Heimschule enthalten. Dafür war die Potsdamer Regierung als Schulaufsichtsbehörde zuständig. Zum Zeitpunkt der Eröffnung lagen ca. 20 Anmeldungen vor, „von teils vorschulpflichtigen, teils schulpflichtigen Kindern, Jungen und Mädchen" (o. V. 1931, S. 389). Die Heimschule betreffend, handelte es sich vorerst um eine vierklassige Grundschule, die u.a. mit den Lernmaterialien der Montessoripädagogik und „im Geiste heutiger Erziehungsmethoden" (ebd.) arbeitete. Die Leitung der privaten Landheimschule hatte Fridolin Friedmann von 1932 bis 1937 inne. Der 32-jährige evangelisch getaufte Pädagoge konnte achtbare schulpädagogische Erfahrungen vorweisen. Er hatte an der Odenwaldschule als auch an der jüdischen „Samson-

Schule“ in Wolfenbüttel, „die sich früh den Gedanken der Aufklärung und der christlich-jüdischen Symbiose öffnete“ (Boetticher/Ruppelt 2019, S. 52), unterrichtet, bevor er 1928/29 in Köln sein Lehrerexamen ablegte und anschließend eine Stelle als Studienassessor in Königs-Wusterhausen übernahm. Gertrud Feiertag (höchstwahrscheinlich) hatte ihre neugegründete Erziehungs- und Bildungseinrichtung wie folgt beschrieben:

Jugendwohlfahrt

Jüdisches Kinderlandheim in Caputh. Das Kinderlandheim Caputh (bei Potsdam) füllt eine Lücke, die seit Jahren von vielen jüdischen Eltern als schmerzlich empfunden worden ist, indem es einer Aufgabe gerecht wird, die von keinem anderen jüdischen Heim in dieser Art bisher erfüllt wurde: es ist das einzige jüdische Landerziehungsheim in Deutschland, dem eine Schule eingegliedert ist, so daß es, im Zusammenhang mit den anderen vielfältigen pädagogischen Möglichkeiten, die Kinder in allem, auch durch die Schule, erfaßt.

Am 1. Mai dieses Jahres ist das Heim eröffnet worden. Zurzeit ist es mit zwanzig, teils vorschulpflichtigen, teils schulpflichtigen, Kindern, Jungen und Mädchen, belegt. Insgesamt können 30 Kinder aufgenommen werden; außerdem sind die Voraussetzungen für die Ausbildung von Haushaltsschülerinnen gegeben. Das Heim ist landschaftlich so gelegen, daß es zugleich alle Bedingungen eines Erholungsheimes erfüllt. Die unmittelbare Nähe von Wasser und Wald bietet denkbar günstige klimatische Verhältnisse. Das Haus liegt auf einer Anhöhe in einem 1¾ Morgen großen Garten, der in seiner Anlage dem Bewegungs- und Spielbedürfnis des Kindes angepaßt ist: große Buddelplätze, Rasenflächen mit Obstbäumen, Blumen- und Gemüsebeete, die die Kinder selbst pflegen. Neben Turnen und Sport ist die Gartenarbeit die wichtigste Form der körperlichen Kräftigung. In den Sommermonaten baden die Kinder vom Wassergrundstück aus, das unmittelbar vor dem Hause gelegen ist.

Die Einrichtung des Hauses ist in der Haltung der Farben, in der Form und Anordnung der Möbel kind- und jugendgemäß. Die Einteilung der Schlafräume entspricht der allgemeinen Einteilung nach dem Alter in Vorschulpflichtige, in Schulpflichtige im Alter bis zu etwa acht Jahren und in Schulpflichtige bis zu 12—14 Jahren. Jede Gruppe wird von einer Erzieherin, die Gruppe der größeren Jungen von einem Erzieher geleitet. Die Auswahl der Erzieher ist derart, daß das Heim auch erziehungsschwierigen Kindern gerecht werden kann.

Auf die Körperpflege der Kinder wird besondere Sorgfalt verwandt. Die ärztliche Untersuchung erfolgt regelmäßig, und neben die allgemein ärztliche Betreuung wird sehr bald auch eine psychotherapeutische treten.

Außer auf körperliche Bewegung (Garten, „Sportplatz“ im Wald, Wanderungen) wird größter Wert auf jene manuellen und geistigen Beschäftigungsarten gelegt, die die moderne Erziehung für das Kind geschaffen hat: Montessorimaterial, Werkstatt für Basteln und Werkarbeit, Musik, Abende mit freien Besprechungen, Lese- und Theaternachmittage usw.

Viel Anregung für die Beschäftigung und Konzentration geht von der Schule aus, die, räumlich getrennt, eine Zelle freudiger Arbeit von besonderem Gewicht darstellt. Auch sie arbeitet im Geiste der heutigen Unterrichtsmethoden. Sie ist bis jetzt vierklassig, d. h. sie unterrichtet in zwei Gruppen: in einer für die beiden ersten Grundschuljahre und einer für das dritte und vierte Grundschuljahr. Je nachdem ob es für die Entwicklung des Kindes günstiger erscheint, wird auch von der Möglichkeit des Besuches der Schule am Ort oder der höheren Schule in Potsdam Gebrauch gemacht.

Die Heimschule und vor allem die Nähe Berlins, die die Aufrechterhaltung des so außerordentlich wichtigen Kontaktes zwischen Eltern und Kindern ermöglicht, sind die spezifischen Vorteile dieses Heimes. Es hat außerdem den Vorzug, daß die verhältnismäßig geringe Zahl von 30 Kindern ein Gemeinschaftsleben erstehen läßt, das die Kinder stark bindet und in der pädagogischen Atmosphäre des Heims ihre Fähigkeiten fördert.

Kinder-Landheim in Caputh
bei Potsdam, in schönster Lage an Wald und Wasser.
Aufgenommen werden Kinder zur Erziehung, Pflege, Erholung,
ferner schulentlassene, junge Mädchen zu hauswirtschaftlicher und kinderpflegerischer Vorbildung. Pädagogische Leitung, ärztliche Aufsicht, Schulen in Potsdam und Caputh; Einzel- und Gruppenunterricht im Hause. Musikpflege, Gymnastik, Sport, Werk- und Gartenarbeit.
Gertrud Feiertag, Caputh, Potsdamer Strasse 18.
Fernruf: Caputh 361 und Steinplatz 2543.

Zeitschrift für jüdische Wohlfahrtspflege und Sozialpolitik 1931, S. 389; C.V.-Zeitung. Blätter für Deutschtum und Judentum 1931, S. 228

Die im voranstehenden Bericht getroffene und von Barbara Rösch (2009, S. 113) weiter kolportierte Feststellung, die Caputher Einrichtung sei „das einzige *jüdische Landerziehungsheim* in Deutschland, dem eine *Schule* eingegliedert ist" stimmt nicht, denn Anna Essinger hatte bereits „Ostern 1926" in Herrlingen bei Ulm ein Internat mit Privatschule nur für jüdische Kinder ins Leben gerufen (Berger 1997, S. 49).

Aus voranstehender Ankündigung geht hervor, dass die Kinder möglichst aus der Nähe von Berlin kommen sollten, damit der so wichtige Kontakt zu den Eltern erhalten bleibt und gepflegt werden kann. Die Anzahl von 9 Kindern 1931 ist bereits zwei Jahre später auf 54 angewachsen. Dabei waren sieben Kinder noch im vorschulpflichtigen Alter, während sich die übrigen Altersstufen auf die vierjährige Grundschule und die der Unter- und Mittelstufe der höheren entsprechenden Kurse verteilten" (Friedmann 1933, S. 792). Bis zum Jahr 1934 stammten die Jungen und Mädchen „überwiegend aus Berlin, ab 1935 kam immerhin ein Drittel aus 24 anderen Städten" (Fehrs 1993, S. 256). Die Möglichkeit der individuellen schulischen Betreuung der Kinder musste mit der rasch ansteigenden Schülerzahl auf das Unterrichten im Klassenverband umgestellt werden. Des Weitern bestand die Möglichkeit der praktischen Ausbildung von Kindergärtnerinnen (Kinderpflege) (Anhang: Dokument 10) und Haushaltsschülerinnen (Anhang: Dokument 11).

Nichts trübte bis zum 30. Januar 1933 die Friedfertigkeit in Caputh. Nachfolgend veränderte sich die Situation des „Kinder- Landheimes zur Erziehung, Pflege und Erholung" grundlegend.

4.2 Pädagogische Konzeption und Alltag in Heim und Schule

Die pädagogische Konzeption des Landschulheims lag darin, dass Heim und Schule eine Einheit, eine Lebensgemeinschaft bildeten. Leben, Lernen, Erziehung und Lehren stellten „eine fest umrissene Lebenssphäre" (Friedmann 1933, S. 792) dar. Die „pädagogische Atmosphäre" der Geborgenheit, der unbeschwerten Fröhlichkeit, des Vertrauens und der Sicherheit für die „Zöglinge" sowie die erzieherische Liebe, Geduld und Güte auf Seiten der Erwachsenen, galt für Heim und Schule gleichermaßen. Demzufolge stellte Gertrud Feiertag hohe Anforderungen an die Erzieher*innen, als auch an die Lehrkräfte, da diese in erster Linie mit und durch ihre Persönlichkeit die „Zöglinge" beeinflussen. Sie mussten „geduldig und nachsichtig, heiter und musikalisch, lebensfroh und künstlerisch begabt sein und bei aller Lebenserfahrung naiven Empfindens fähig sein. Nichts „Kränkliches, nicht Unsicherheit und Verlegenheit darf an (ihrer; M. B.) Person haften" (Du Moulin 1995, S. 39). Die Heimleiterin machte keinen Hehl aus den Ansprüchen, die sie an die pädagogisch Verantwortlichen stellte. Hilde Blumenfeld, die über die Lehrbefähigung für jüdischen Religionsunterricht und Musik verfügte, berichtet, dass sie während ihres Aufnahmegesprächs

Gertrud Feiertag fragte, wie weit sie als Lehrkraft beansprucht sein würde, worauf diese ohne Zögern erwiderte: „„Mit Haut und Haaren"" (Feidel-Mertz/Paetz 1994, S. 90).

Ehemalige „Caputher" berichten rückblickend überwiegend nur positiv über „ihr Caputh" und Gertrud Feiertag, dem „guten Geist des Hauses" (Du Moulin 1995, S. 6), über „ihre pädagogischen Fähigkeiten" und ihrem „Blick für das Ganze" (Feidel-Mertz 1998, S. 170). Die Heimgründerin verstand es, zusammen mit ihren Mitarbeiter*innen eine „pädagogische Atmosphäre" zu schaffen, die frei war von Zwang, Drill, Pedanterie und Qualen der Paukerei. Im Heim- sowie Schulalltag sind zahlreiche Elemente der Reformpädagogik eingegangen: Der Bezug zur Natur, manuelle Betätigung in Haus und Garten, Gemeinschaftsleben, Koedukation, „schöngeistige" Bildung und Erziehung, sportliche Ertüchtigung etc.. Das Leben, Lernen und Lehren im Kinderlandschulheim entsprachen sicherlich nicht der „umgangssprachlichen Vorstellung von antiautoritärer Erziehung. Die Pädagogik, die dort allerdings betrieben wurde, war aber als Ermächtigung, als Stärkung und vor allem in ihrer Widerständigkeit gegenüber der autoritären Unterdrückung, wie sie einmalig in der Geschichte war, antiautoritär" (Schroedter 2007, S. 137 f).

4.2.1 Erziehung der Kinder zu ihrem Selbst

Oberstes Erziehungsziel war die „Kinder zu ihrem Selbst", zu ihrem „eigenen Wesen" zu erziehen. Suse Michael, Lehrerin in Caputh für Biologie und allen Volksschulfächern, hat in einem Aufsatz für „Der Morgen. Monatsschrift der Juden in Deutschland" über die Erziehung geschrieben:

„Wenn man Pestalozzis Satz ‚Erziehung ist Liebe und Beispiel, sonst nichts' dahin versteht, daß man ein Liebender sein muß und zugleich ein durch seine innere Folgsamkeit Beispielhafter, Ermutigender, so ist nur noch hinzuzufügen, daß man das Kind zu dessen eigenem Wesen nach dem in ihm angelegten Keime ziehen helfen soll... Erziehung (ist; M. B.) nicht nur Liebe und Beispiel, sondern der Glaube an die einmalige Aufgabe jedes Individuums und die Beugung unter den Satz, daß wenn es Gott gefiel, ein Wesen so und nicht anders zu schaffen, es dem einzelnen Menschen in seinem besserwissenden Dünkel keineswegs zukommt zu meinen, er wäre geschickt oder gar beauftragt, nach eigenem Bilde ein Lebendiges umzuformen. Mit beispielhafter Geduld also und durch die Kraft der Liebe jenes eingeborene Bild, jene vorgeprägte Form zu entwickeln, das ist die Aufgabe des Erziehers. Wenn nun die Anerkennung jeder einzelnen Individualität eine Forderung für jeglichen Umgang nicht nur mit Kindern, sondern mit Menschen überhaupt ist, so bleibt die tatsächliche Sicht und Annahme der jeweiligen Umweltrealität eine Voraussetzung für den fruchtbaren Einsatz jeder Kraft… Wir wollen also unsere Kinder zu ihrem Selbst erziehen: nicht nach Richtlinien von außen, nicht mit Hilfe dogmatischer Absperrungen noch aus unserer Ungewißheit, sondern zu ihrem Dasein, in ihrer Gegenwart, für die ganze Spanne ihres Lebens“ (Michael 1938, S. 162 f).

Jungen und Mädchen des „Lichthauses“;
Quelle: Lothar Lewinsohn/Ida-Seele-Archiv

Die Heiminsassen lebten in familienähnlichen Gruppen in den verschiedenen zum Landschulheim gehörenden Häusern, die der Leitung einer „Hausmutter“ oder von „Hauseltern“ (Lehrerehepaar) unterstellt waren. Die Lehrer*innen und Erzieher*innen wurden von den Kindern mit ihrem Vor- oder Spitznamen angesprochen. Auch die meisten Erwachsenen duzten sich. Die „Zöglinge“ hatten für Ordnung und Sauberkeit in ihren Zimmern zu sorgen, ihre zugeteilten Ämter zu verrichten, etwa Zimmer und Flur fegen, Waschraum reinigen, vor dem Haus die Blumenbeete harken, den Rasen schneiden, Lauben, Wege und Terrassen säubern, Besteck einräumen, Laub rechen etc. Dadurch sollte bei den Jungen und Mädchen die Identifikation mit „ihrem“ Landschulheim, aber auch ihre Selbständigkeit und Selbstverantwortung gefördert werden. Letztlich trug die Aufgabenverteilung auch zur Senkung der Unterbringungskosten bei. Hilde Jarecki, die am renommierten Charlottenburger Sozialpädagogischem Seminar „Jugendheim“, geleitet von Anna von Gierke, ihre Ausbildung zur Kindergärtnerin und Hortnerin absolvierte, schildert anschaulich den Heimalltag im sog. „Lichthaus“. In dem am Ende von Caputh gelegenen Gebäude waren an die 20 „Zöglinge“ im Alter zwischen 12 und 15 Jahren untergebracht, darunter eine beträchtliche Zahl von recht schwierigen Mädchen und Jungen:

„Die Idee war, den Kindern ein Heim zu bereiten, ihnen außerhalb der Schule ihre Freizeit zu gestalten im lebendigen Zusammenleben. Ich glaube, das ist mir weitgehend gelungen … Es ergab sich so, daß die jüngeren Jungs am Nachmittag ihren Sportinteressen nachgehen konnten, so konnte ich mich mehr den größeren Mädchen widmen. Ich versuchte, ihnen eine Atmosphäre zu schaffen, in der auch die einzelnen persönliche Fürsorge und die Besprechung ihrer Probleme erfahren konnten. Es gab auch Gelegenheit, ihnen Anregungen außerhalb der Schule zu geben: Ich erzählte ihnen von Paula Modersohn und ihrem Künstlerkreis, sie hörten von van Gogh, wir lasen Rilke zusammen. Ein Abend war vorgesehen für einen Gruppenabend. Es gab lebendige Unterhaltungen über Tagesereignisse in Schule und Heim und auch über die brennenden Fragen draußen in der Welt: Hitler, Palästina … Gleich zu Anfang beschäftigte uns die Frage der Hausarbeit. Ein Mädchen vom Dorf war uns zugeteilt. Bald kamen Beschwerden von ihr über die Achtlosigkeit, mit der die Kinder mit ihren schmutzigen Schuhen den eben gescheuerten Fußboden wieder volltrampelten … Das Resultat unserer Besprechung war, daß die Mädchen beschlossen, diese Arbeit selbst zu übernehmen“ (Friedlaender/Jarecki 1996, S. 156 f).

Der Tagesablauf war straff organisiert, wie aus einem Brief von Lothar Lewinsohn an seinen beliebten, inzwischen in die Schweiz emigrierten Musiklehrer Alfons, genannt „Alfi“, Hirsch hervorgeht:

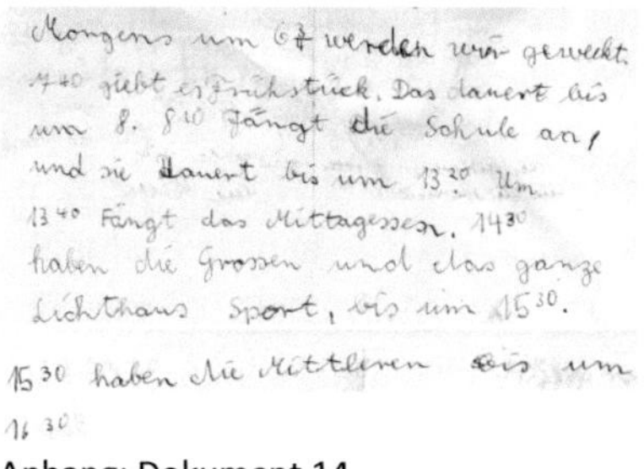
Morgens um 6⁴⁵ werden wir geweckt.
7⁴⁰ giebt es Frühstück. Das dauert bis
um 8. 8¹⁰ Fängt die Schule an,
und sie dauert bis um 13²⁰. Um
13⁴⁰ Fängt das Mittagessen. 14³⁰
haben die Grossen und das ganze
Lichthaus Sport, bis um 15³⁰.
15³⁰ haben die Mittleren bis um
16³⁰

Anhang: Dokument 14

Hilde Marx präzisierte Lothar Lewinsohns Zeiteinteilung, die mit Rücksicht auf eine gesunde, körperliche und geistig zuträgliche Lebensweise getroffen wurde:

„Frühzeitig beginnt der Tag mit Waldlauf oder Gymnastik; dann werden die Zimmer, in denen meistens einige der Kinder, aber nie zu viele zusammen wohnen, in Ordnung gebracht, und nach dem Frühstück beginnt der Unterricht bzw. die Haus- und Gartenarbeit. In zwei Gruppen findet das gemeinsame Mittagessen statt, an dem auch die Lehrenden teilnehmen, und nach einer Pflicht-Ruhepause beginnt die Arbeit der Fachgruppen; jedes Kind muß mindestens an einer dieser Gruppen wie Hausarbeit, Gärtnerei, Tischlerei, Pappen- und Buchbinderei und Musik teilnehmen ... Vor dem Abendessen ist noch einmal eine Stunde Sport" (Marx 1934, S. 15).

4.2.2 Musische Förderung und lebenskundlicher Unterricht

Die schönen Künste wurden im Heim wie in der Schule als wichtiger Faktor zur Entwicklung von Lebensfreude und Selbstbewusstsein verstanden: Musik, Zeichnen, Basteln und Theater. Vor allem Schulleiter Fridolin Friedmann, die Musiklehrer Hans Eppstein, promovierte Musikwissenschaftler und Pianist, sowie Alfons Hirsch (Anhang: Dokument 15 u. 16), der erster Geiger an der Berliner Staatsoper war, prägten die kunstsinnige Atmosphäre. Sie studierten mit ihren Schüler*innen Theaterstücke, Opern, Singspiele etc. ein. Mit zunehmender Anzahl an jüdischen Kindern gewann die Rückbesinnung auf jüdische Tradition mehr Gewicht, um bei den vielfach dem Judentum entfremdeten Jungen und Mädchen eine jüdische Identität aufzubauen. Fridolin Friedmann hatte festgestellt, dass auch Kinder, die „von Haus aus keinerlei jüdische Inhalte mitbringen, eine Empfänglichkeit für alles Jüdische besitzen" (Friedmann 1933, S. 792), die sie nach festen kultischen Formen verlangen ließ. Diese Formen müssen allerdings dem Alter der Kinder „und der Eigengesetzlichkeit ihrer Lebensgemeinschaft entsprechen und von ihnen selbst mitbestimmt und –gestaltet werden" (ebd.). Zum Freudenfest Chanukka wurden Lieder in deutscher und hebräischer Sprache gesungen: „Ner li Ner li" (Lichtlein, ja, und so zünden wir dich an) und „Ma'oz Tzur Yeshuati" (Fels meiner Rettung) (Du Moulin 1995, S. 46). Es wurden Psalmen, bspw. der 23. Psalm, in Vertonung von Heinrich Schütz, mit Chor und Streichern, sowie alttestamentliche Geschichten einstudiert. Mit hohem Arbeitsaufwand hatte man „Schaul (Saul) und David" sowie die dramatische Geschichte von „Joseph und seine Brüder", in Szene gesetzt, Stücke, wie Sophie Friedlaender retrospektiv resümierte, „in denen die Caputher Jungs in ihrem Umgang miteinander zu erkennen waren. Es wurde so deutlich dabei, wie menschlich nahe und allgemeingültig doch diese alten Erzählungen sind... Die ganze Breite des vergrößerten Eßsaales wanderten die Brüder mit herrlichen (selbstgemachten) Kamelen nach Ägypten, zeitgemäß gekleidet in von Friedmann selbstgefärbten Nesselstoffen... Hebräische Lieder begleiteten die Wanderer, zum Teil vom Musiklehrer vertonte Bibelstellen" (Friedlaender 1983, S. 74). Aus

„Schaul und David“ wurde eine Szenenfolge im Logenhaus in Berlin, Kleiststraße 10, Sitz der Berliner jüdischen Organisation „B'nai B'rith“, vor „brechend vollem Saal“ aufgeführt. Die biblische Erzählung (1. u. 2. Buch Samuel) zwischen dem ersten König der Israeliten und dem Hirtenjungen David war ein voller Erfolg für die Schule und ihre Laiendarsteller:

„Im Logenhaus in der Kleiststraße ein Podium, von zwei Säulen aus Pappe flankiert, mit zwei Scheinwerfern davor und auf den Brettern, vor einem Vorhang, nur das Allernotwendigste, rasch hin- und rasch wieder weggestellt: auf solcher ‚Idealbühne‘ nach Shakespeareschem Vorbild haben am Sonntag Schüler und Schülerinnen des *Jüdischen Landschulheims Caputh* eine Szenenfolge aus ‚Schaul und David‘ gespielt. Vor brechend vollem Saal währte das Spiel eine Stunde lang, und bis zum letzten Augenblick blieb die Lust am Spiel oben und unten unvermindert. Es war ein voller Erfolg der Schule und der Schulung. Der gute Geist des Unterrichts war auf den Brettern Klang und Gestalt geworden. Die Geschichte zwischen dem großen König Saul und dem kleinen Hirten David wurde, nach Art eines Mirakels, in leicht sprechbaren, gereimten und kräftig gekaitelten (sic!) Versen vorgetragen und manchmal auch vorgesungen. Die Heiligkeit des Stoffes (und des Chanukkah-Unternehmens) war den Kindern, auch den ausgewachsenen, auf die Stirne geschrieben, und eines las sie vom Gesicht des andern ab, so daß sich der Anblick und die Anhörung eines wahrhaft geschlossenen Ensembles ergab. Wieder, wie im vorigen Jahr, empfand man es dankbar, daß den Kindern keine Theatralik eingedrillt, sondern dem Theatralischen das Kindliche eingehaucht war, so daß die Spielschar sich nicht zu verstellen, sondern mit einem vertrauten Stoff und Text nur das zu geben hatte, was jedem Kinde angeboren ist: die Lust an der Verwandlung und der Trieb, mit Erlerntem und Gespieltem zu wachsen. Ja, sie wuchsen, die David, Jonathan, Abner und andern, aus ihrem Schulalltag in die bunten Gewänder hinein, in die kräftig schönen Worte und prompten Reime, in das sinnvolle Stehen und Gehen, in das Breiten der Arme und Heben oder Senken der Köpfe und Stimmen — es war ein kindlich munteres Abbild der Bühne, so wie diese sich in dem Köpfchen eines halbwüchsigen Schulkindes abmalt. Man muß den Regisseur bewundern, der dabei den Mittler gespielt und jedes Falsett ausgeschlossen, ja sogar den Anschein erreicht hat, als ob der Zweck nur den Spielern gelte, indem sie das Spiel zugleich gaben und, einer vom andern, nahmen — Darsteller und Zuschauer in einem. Nur einer ragte, vom Riesen Goliath natürlich abgesehen, über allem Kleinvolk empor, so wie es sich nach der Thora gehört: Schaul. Den nämlich gab der Lehrer selbst, der Doktor Friedmann, und war in Sprache und Spiel ein in jedem Sinn großes Vorbild und der Mittelpunkt für alle, an den man ‚sich mit Lust mag schließen und mit Zuversicht'. Man geht wohl nicht fehl, in ihm auch den Regisseur und den Autor des Stückes zu vermuten, und freut sich, ihm aus so vielfältigem Grund von Herzen Dank und Lob sagen zu können. Er beherrscht wirklich den schmalen, aber fruchtbaren Boden, auf dem die Schule zum Theater und insbesondere das Theater zur Schule wird" (hs 1936, S. 8).

„Schaul und David"

Jüdische Rundschau 1936/Nr. 100, S. 8; „Schaul und David" mit Fridolin Friedmann, Siegfried Strauss (xx) und Steffen Dienes (x); Quelle: Steven Strauss/Ida-Seele-Archiv

Aber auch „weltliche" Theaterstücke standen auf dem Programm, u.a. die heiteren William Shakespeare Komödien „Ein Sommernachtstraum", „Was ihr wollt", Lessings fünfaktiges Ideendrama „Nathan der Weise", in französischer Sprache „Le Parapluie" von Guy de Maupassant oder auf Englisch „David Copperfield" von Charles Dickens. Mit gleicher Leidenschaft wurden Paul Hindemiths, dessen Werke obwohl er kein Jude war bereits 1934 Sendeverbot im Rundfunk erhielten, Singspiel „Wir bauen eine Stadt" sowie die Oper „Der Freischütz" von Carl Maria von Weber in Szene gesetzt, für die die Kleinsten des Landschulheimes die Bauern, die Brautjungfern und den Jägerchor sangen und tanzten. Für „Der Sommernachtstraum", vertont aus Werken der Barockzeit für zwei Blockflöten, war die Aufführung „im Garten des Brettauerhauses, einer reizenden ‚natürlichen' Freilichtbühne zwischen Haus und See (vorgesehen; M. B), was jedoch eine böswillige Ortsbehörde verhinderte. Nun es ging auch im Eßsaal" (Feidel-Mertz/Paetz 2009, S. 125).

Überhaupt nahm die außerschulische musikalische Förderung, die eine der stärksten gemeinschaftsbildenden Faktoren darstellte, einen hohen Stellenwert ein, zumal in der Heimschule, abgesehen von der Grundschule, nur eine Wochenstunde Musik auf dem Lehrplan stand. Den „Zöglingen" sollte vermittelt werden, dass Musik etwas ist, das Menschen verbindet, Musik nicht eingeengt werden kann auf irgendeinen Kulturkreis, dass Menschen unabhängig von ihrer Herkunft in Liedern gleiche Wünsche, Emotionen und Sehnsüchte ausdrücken. Fast jede Woche war ein Musikabend angesagt, teils instrumental, teils vokal. Auch gab es Veranstaltungen mit professionellen Musiker*innen aus Berlin oder Potsdam. Vor dem Frühstück fand im Speisesaal im Haupthaus eine Morgenfeier statt, bestehend aus Kiddusch, Bibelvorlesung auf Hebräisch und Deutsch sowie Musik, die zum Besten gegeben, entweder vom Schulorchester, von den Musiklehrer*innen, dem Schulchor, aber auch von Kindern und Lehrenden zusammen, das sicherlich einen besonderen pädagogischen Wert hatte. Ilse Thompson (vormals Ilse Jacob), eine der Hauptpersonen der allmorgendlichen musikalischen Darbietungen, erinnert sich:

„Da ich wirklich eine sehr gute Pianistin war (das wurde auch spaeter mein Beruf) war ich diejenige welche fast jeden Morgen vor dem Fruehstueck Etwas spielen musste und konnte. Tante Trude, naemlich, wollte allen Kindern Musik zu lieben moeglich machen, und es gab nichts zu essen bis Jeder sich beim Tisch hinsetzte und etwa 5 Minuten verschiedener Musik zuhoerte. Wenn ich nicht Chopin, Mozart oder Beethoven spielte, begleitete ich einen kleinen acht-jaehrigen Violisten, oder sogar einen 13-jaehrigen, den ich wirklich richtig liebte. Ich erinnere mich aber an den kleineren Jungen mehr weil er, aus Geldmangel, sich selbst all Noten die er spielen wollte hand-kopierte. Beide Jungen sind auf zwei Bildern eines Prospektes ueber das Landschulheim, und/oder auch auf den Bildern mit mir am Klavier“ (Anhang: Dokument 17).

Hans Eppstein berichtete, dass er die Morgenmusik bald meistens allein ausführte und keinen Ton von sich gab, solange es nicht absolut still im Speisesaal war:

„Und da gelang mir (oder auch den Herren Bach, Mozart et consortes) etwas, was mich noch heute froh und etwas stolz macht: diese *nervöse und undisziplinierte Bande* saß am *gedeckten Tisch, morgenhungrig* natürlich, und *konzentrierte sich ein paar Minuten lang völlig auf das, was sie hörten* – und wehe dem, der störte (die Drohung kam von ihnen, nicht von mir!). Nun ja, ich versuchte, nie etwas anderes zu spielen als was musikalische Menschen zu höchster Spannung zwingt: Tanzsätze und ‚strenge‘ Stücke von Bach wie klassische Sonatensätze, Präludien und Mazurken von Chopin, Intermezzi von Brahms, kleine Stücke von Debussy, von Bartók… Der Flügel war miserabel – die Schule hatte natürlich kein Geld für einen anderen -, aber das vergaß ich, und das vergaßen sie. In diesem Zuhören kam etwas von den besten und feinsten Möglichkeiten der Kinder zutage" (Feidel-Mertz/Paetz 2009, S. 124).

Ise Jacob (x) und Hans Eppstein am Flügel; Quelle: Ilse Thompson/Ida-Seele-Archiv

Hans Eppstein thematisierte offen seinen Zwiespalt hinsichtlich deutscher und jüdischer Orientierung, zumal er noch innerhalb der deutschen Umwelt aufgewachsen war. „Ich wäre mir vor mir selbst als kalter Lügner erschienen", gestand der Musiker, „hätte ich meinen Unterricht vor allem auf ostjüdischen oder hebräischen Liedern aufgebaut, die für mich damals eine fast gänzlich unbekannte Welt darstellten. Es galt, hier einen sinnvollen Mittelweg zu finden, einen Instinkt für das Richtige und für alle Akzeptable zu entwickeln, und letzten Endes war dies nicht möglich. Das ‚Jüdische' überließ ich weitgehend denen, für die es ein natürlicher Ausgangspunkt war, und solche Kräfte gab es innerhalb der Schule selbst, aber sie konnten auch von außen kommen" (Feidel-Mertz/Paetz 1994, S. 111).

Ein weiterer gemeinschaftsstärkender Brauch war der von Gertrud Feiertag gehaltene bekenntnisfreie Weltanschauungsunterricht, genannt „Lebenskunde". Dieser war besonders in der Zeit der Weimarer Republik Teil des reformpädagogischen Erneuerungskurses des Schulwesens, das den konfessionell gebundenen Religionsunterricht ersetzte und als „Moralunterricht" oder als „freireligiöser Unterricht" verstanden wurde. Der lebenskundliche Unterricht wurde von den Nazis verboten, in Caputh aber beibehalten. Gertrud Feiertags „Unterricht" war etwas Besonderes und übte starken Einfluss auf die Jungen und Mädchen aus, wie folgende zwei Äußerungen ehemaliger „Caputher" belegen:

„Ganz besonders erinnere ich mich an die Stunde am Sonnabend Vormittag, die Trudebude unter den Namen ‚Lebenskunde' gab. Es war etwas Besonderes für uns alle. Sie las uns vor aus der deutschen und englischen Literatur mit

Erklärungen. Es gab Diskussionen über Probleme unseres Verhaltens im Alltag, und auf unser Betteln hin ließ sie einige von uns Kleinen auch einmal teilnehmen an der Stunde mit den größeren Kindern. Es war herrlich. Ich sehe sie vor mir, höre ihre Stimme, wie sie lebendig erzählte von Orlando und Rosalind im Wald – so wie unser Wald in Caputh. Alle Kinder saßen um sie herum, auf dem Teppich, es war ein Erlebnis. Wenn ich jetzt ‚As you like it' auf Englisch sehe, kommt mir Trudebude's Lebenskunde lebendig zurück" (Feidel-Mertz/Paetz 2009, S. 107).

Eine weitere Erinnerung bezieht sich ebenfalls „auf Frl. Feiertag's (Tante Trude) LEBENSKUNDE. Diese wurde Sonnabend morgens gehalten, und ich habe immer noch das Buch, das wir diskutierten: <u>Siddharta</u> von Hermann Hesse, obwohl meins in Englisch ist. So ein Buch wird wohl sonst nie von Kindern gelesen, aber Tante Trude wusste, wie man sowas besprechen konnte, und wir waren nie gelangweilt. Sie hatte wirklich ein Charisma" (Anhang: Dokument 17).

„Lebenskunde" erteilte Gertrud Feiertag bereits während ihrer Zeit auf Norderney für die größeren Mädchen, die im „Otto-Haus" untergebracht waren und in den ersten Abschnitt einer Ausbildung zur Kindergärtnerin eingeführt wurden. Anfang der 1930er Jahre publizierte sie ein Buch mit dem Titel „Lichtlein am Werdeweg". Die Publikation beinhaltet Texte von ihr, die sie für die von ihr erteilte „Lebenskunde" verwendete, davon sind einige mit christlichem Inhalt, mit Hinweisen auf Schriften aus dem Neuen Testament: Röm. 12, 2; Röm. 14, 8. Dies ist ein weiterer Beleg für ihre liberale Geisteshaltung. Wenn anfänglich Caputh interreligiös eingestellt war, dann benötigte die Pädagogin wegweisende Ratschläge für Kinder die christlichen Religionen angehörten.

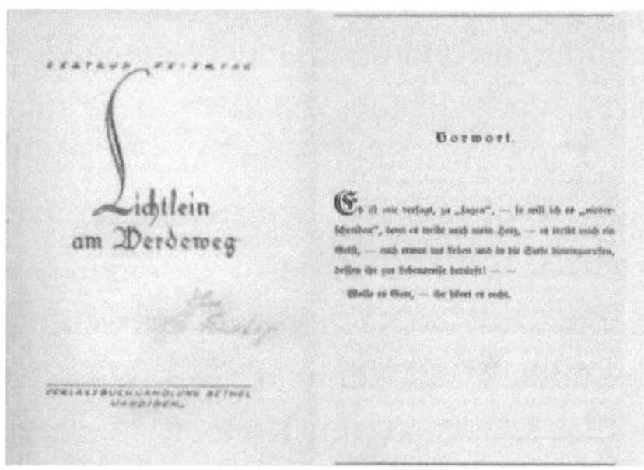

Irre dich nicht! — Die Menschen der modernen Welt haben ein feines Gefühl für das „Echte" und „Edle". Sie wollen sich selbst zwar keinen Zügel anlegen, aber sie verspotten und verachten die Christen, die ihrem Meister so unähnlich sind; die seinen Namen verleugnen in ihrem Tun; die nicht das sind, was ihr Name sie heißt: „Nachgänger Christi!" —

Christen haben die Pflicht des Vorbildes, auch wenn sie darum leiden müssen.

Laß dich's nicht irre machen! Die Welt vergeht einmal und ihr Spott mit ihr, — Christus Jesus aber bleibt bis in Ewigkeit; und dort wird er dich zum letztenmal fragen: „Hast du mich lieb?"

Was wirst du ihm dann antworten?

Quelle: Gertrud Feiertag, o. J., S. 5 u. 96

4.2.3 Zur Gestaltung jüdischer Feste und Feiern

Nach dem 30. Januar 1933 wurde großes Gewicht auf die Gestaltung des jüdischen Lebens gelegt, die sich auch, wie voranstehend bereits ersichtlich wurde, in der musischen Atmosphäre des Landschulheimes widerspiegelt. Zentrale Elemente der Erziehung zum Judentum stellten der Religions- und der Hebräischunterricht sowie die jüdischen Feste, die an bestimmte Ereignisse aus der Geschichte erinnern und bei den Kindern einen veritablen Eindruck hinterließen. Die **bewusste** Verlebendigung des Judentums diente dazu, die jüdische Identität der Jungen und Mädchen zu stärken, bzw. eine solche erst aufzubauen, da die meisten von ihnen „aus einem dem Judentum völlig entfremdeten Milieu kommen und weder wissensmäßig und noch viel weniger erlebnismäßig in dieser Beziehung etwas mitbringen" (Michel 1934, S. 9). Wenn möglich, wurde auch die Öffentlichkeit zu manchen der feierlichen Veranstaltungen eingeladen. Die „Jüdische Rundschau" vom 24. 12. 1935 berichtet von einer Chanukkafeier:

„Am Sonntag nachmittag lud das *Landschulheim Caputh* die Eltern und Freunde des Hauses zur Chanukkahfeier. Wir fuhren im dichtgedrängten Omnibus durch den winterlichen Wald hinaus, und schon beim Ablegen der Garderobe im Eingang des Haupthauses spürten wir die freudige und erwartungsvolle Stimmung: denn über alle Treppengeländer blickten neugierige Kinderköpfe in bunter Verkleidung, wollte doch jedes auch ganz bestimmt sehen, daß Mutti und Vati gekommen waren! — Nachdem Fräulein Feiertag mit herzlichen Worten die Gäste begrüßt hatte, begann das Spiel von ‚Saul und David'. Es ist schwer, in ein paar knappen Worten zu sagen, wie Außerordentliches hier geleistet wurde! Der Text, von Dr. Friedmann eigens für diesen Tag geschrieben, war eine besonders geglückte Verbindung von biblischer Sprache und den Kindern gemäßen Worten. Wie sehr eben *die Kinder* dabei waren, darin lebten, das kam mehr noch als in den Einzeldarstellungen im ganzen Zusammenspiel zum Ausdruck. Einzelne Szenen, in ihrer fast bühnenmäßigen Wirksamkeit, wird man so bald nicht vergessen. So das Bild: David singt vor Saul, oder auch der ganz zarte und lyrische Dialog zwischen David und Jonathan. — Nach kurzer Erfrischungspause, in der einer der Jungens in ganz besonders schöner und feierlicher Weise die Chanukkahlichter zündete, zeigten die Kleinsten ihr Können in dem Hindemithschen Singspiel: ‚Wir bauen eine neue Stadt'. Sie waren so froh und vergnügt bei der Sache, daß alle ‚Großen' davon angesteckt wurden und mit ihnen lachten bei Anspielungen auf das Heim in Caputh, die hineingeflochten waren" (D. B. 1935, S. 18).

In der „Jüdischen Rundschau“ vom 15. Juni 1934 hatte Rudi Michel einen Bericht über die „Gestaltung jüdischer Feiern mit Kindern“ publiziert. Dieser berichtet von den Schwierigkeiten, die dem Judentum entfremdeten Schüler*innen durch religiöse Fest- und Feierveranstaltungen zu einer jüdischen Lebensauffassung und Lebensweise hinzuführen und von der Auseinandersetzung zwischen Tradition und Moderne. Dabei wird ersichtlich, dass nicht das Erlernen von Regeln, das Einhalten von Geboten oder Beachten von Verboten der springende Punkt jüdischer religiöser Erziehung sind, wie bisweilen verkürzt und einseitig dargestellt wird, sondern die Gestaltung des gesamten Lebens aus der Beziehung zu dem befreienden Gott, von dem die biblischen Texte erzählen. Für Rudi Michel ist Basis einer kindgemäßen jüdisch-religiösen Erziehung eine spannungsvolle Beziehung zwischen subjektiven Faktoren, die im „Erlebnis“ ihren Ausdruck finden, und objektiven Gegebenheiten der jüdischen Tradition, die sich in den jüdischen Festtagen, im Gottesdienst und im Gebet manifestieren. Folgend aus diesem bedeutenden Dokument eine längere Textpassage:

„Die Verpflichtung zur Gestaltung des religiösen Lebens empfanden wir zuerst, als wir daran gingen, die *Festtage* in einer angemessenen Weise zu begehen. Nicht allzu viel Schwierigkeiten hatten wir bei all den Festen, die im Zusammenhang mit dem Leben der *Natur* stehen. Wir, die wir ja selbst auf dem Lande leben, konnten Dankfeiern für eine gelungene Ernte wohl verstehen, und noch mehr als das ahnten wir eine Gesetzmäßigkeit in dem Auf und Ab der Natur, die wir durchaus als überirdisch, als göttlich empfunden und die dadurch unserem religiösen Verlangen Nahrung geben konnte. Wir konnten auf unserem eigenen Boden eine Sukkah bauen und unsere eigenen Früchte essen. Und wenn am 15. Shwat unsere Bäume noch nicht zu blühen beginnen, so sind wir zu diesem Zeitpunkt auch schon des Winters überdrüssig und können für Erez Israel die Freude über den Beginn seines Frühlings verstehen. Auch wenn es sich um Feste handelte, die an ein *historisches Ereignis* anknüpfen, hatten wir es leicht mit einer entsprechenden Ausgestaltung. Schon wochenlag vor Chanukkah wurde in der Werkstatt nur noch für die gegenseitigen Geschenke gearbeitet, und fast der gesamte Schulunterricht wurde in den Dienst der großen Aufführungen, die zu diesem Zeitpunkt bei uns üblich sind, gestellt. Als dann am ersten Abend für jedes unserer Häuser eine Menorah entzündet wurde, fühlten wir den Zusammenklang alten und neuen Brauches. Wir sind jedesmal überrascht über die Buntheit und Lebendigkeit der Masken zu Purim. Obgleich das historische Ereignis uns schon genügend Anregung zur Gestaltung gibt, geschieht es, daß auch unser eigenes Alltagsleben Stoff zur Karikierung und zu lustiger

Nachahmung geben muß. — Zweimal im Jahr essen wir alle an *einem* Tisch: an den beiden Sederabenden. Ist ein so großer Betrieb wie der hier gemeinte sonst gezwungen, sich in mehrere Familien aufzuteilen, so fühlen wir uns doch in den beiden Peßachnächten wie *eine* große Familie, da wir die Einheit im Raum einmal bewußt hergestellt haben. Bei diesen und ähnlichen Feiertagen zeigt es sich, daß eine solche Gemeinschaft Kräfte mannigfacher Art besitzt, um einem Geschehen oder einer Erinnerung Ausdruck zu geben, da es sich immer um einen faßlichen Stoff handelt. Ganz anders ist die Situation bei dem Versuch, *Rosch-Haschana* und *Jom-Kippur* zu gestalten. Handelt es sich doch hierbei um Feiern abstrakten Sinnes, die bei dem Versuch einer Konkretisierung ihren wahren Sinn verlieren würden. Es sei noch einmal gesagt, daß der naturhafte oder nationale Charakter nie der alleinige Inhalt der zuerst erwähnten Feste war, und etwas Religiöses stets irgendwie mitschwang; aber mit diesen Tagen sehen wir uns doch vor die Aufgabe gestellt, reinstem religiösen Sinn Gestalt zu geben und auf das Medium irgendeines wirklichen Geschehens verzichten zu müssen. So kann man wohl diese beiden Festtage als Prüfstein ansehen und behaupten: Gelingt es, sie dem Empfinden der Kinder nahezubringen, so ist damit die Gewähr für ein Gelingen der religiösen Erziehung gegeben. Unseres Wissens ist der Versuch dazu noch nie ernsthaft gemacht worden, und die verschiedenen Formen des ‚Jugendgottesdienstes‘ entsprechen nach unserer Auffassung dieser Forderung nicht. Hat es sich bisher nur um *Feiern* verschiedener Art gehandelt, so müssen wir uns nun um einen *Gottesdienst* bemühen. Diese Aufgabe war zu schwer, um auf einmal gelöst zu werden, und wir wissen, daß wir auch heute noch nicht am Ziele sind. Da wir zu Anfang die Besonderheit eines Gottesdienstes auch für Kinder noch nicht klar sahen, begingen wir den Fehler, zu ihnen innerhalb der Feier über die Bedeutung des Tages zu *sprechen* und seine geschichtliche Entwicklung zu *schildern*, um so an irgendetwas Konkretem einen Halt zu haben. Aber das half uns nichts; im Gegenteil, diese Stunden schienen sich von anderen Schulstunden nur durch die besondere Weihe, die der Stoff ihnen gab, zu unterscheiden. Erst als wir dem *Gebet* einen Platz einräumten und eine Predigt in Form einer *Anrede* im wirklichen Sinne einführten, fühlten wir uns dem Ziele näher. Nun brauchten wir nicht mehr von der Bedeutung des Tages zu reden; seine geschichtlichen Grundlagen überließen wir ganz dem Schulunterricht, denn wir hatten jetzt die Möglichkeit, die Kinder ihn miterleben und seinen Sinn selbst erfühlen zu lassen. Nachdem wir aus dem traditionellen Gottesdienst eine Auswahl von Gebeten getroffen hatten, ergab sich für uns die Frage, ob wir nicht den gesamten Gottesdienst der hohen Feiertage übernehmen sollten. Daran jedoch hinderte uns unser eigener Ausgangspunkt. Wir merkten, daß wir damit auf einem fremden

Weg gehen würden, und alle unsere Anstrengungen, zu *eigenen* Formen zu gelangen, deren Notwendigkeit wir doch empfunden hatten, erfolglos bleiben müßten. Mit der Einführung des Gebetes ergaben sich auch noch eine Reihe anderer Fragen; wie sollte es vorgetragen werden? Hebräisch? Unbedingt! Aber die meisten Kinder beherrschen die Sprache noch nicht genügend, um folgen zu können. Oder sollte es vielleicht weniger auf das Verstehen als auf ein dabei gewecktes *Gefühl* ankommen? Wir entschlossen uns, den hebräischen Text neben den deutschen zu setzen mit dem Bewußtsein der Unvollkommenheit und in der Hoffnung, zu einer solchen Beherrschung der hebräischen Sprache zu gelangen, die das wieder unnötig macht. Wer sollte die Gebete vortragen? Ein ausgewählter Einzelner? Sollten sie nicht mehr der Gemeinschaft Ausdruck geben und daher zusammen von allen im Sprechchor oder besser in gemeinsamen Gesang laut werden? Wir haben diese Frage noch nicht zur Zufriedenheit gelöst. Die Schwierigkeit, daß das Gebet doch eigentlich geheimste und persönlichste ‚Zwiesprache mit Gott' ist, nach jüdischem Empfinden aber zugleich einen *gemeinsamen* Dienst kennzeichnet, konnten wir bei der Formgebung noch nicht überwinden. Wir wissen, daß wir uns solange behelfen müssen, bis wenigstens die größeren Kinder die hebräische Sprache so gut verstehen, daß sie sich als Organ ihrer Religiosität gebrauchen können. Wir versuchten auch an diesen Feiertagen mehr als an andern, dem *ganzen* Tag ein besonderes Gepräge zu gehen, indem wir durch eine besondere Gliederung und Gestaltung des Tages auf die Kinder einwirkten, auch in ihrer Haltung, der äußeren wie der inneren, den ernsten Sinn des Festes zu bekunden. Auch der *Schabbath* hat erst nach längerer Entwicklung sein jetziges Aussehen bei uns bekommen. Doch liegt seine Form nunmehr fest. Von vornherein unterschied er sich schon dadurch von den übrigen Tagen der Woche, daß der Unterricht ausfiel; aber wir waren damit noch nicht zufrieden, handelte es sich doch vielmehr darum, die so entstandene Freizeit der Kinder zu gestalten und den besonderen Charakter des Tages deutlich zu machen. Erst damit gelang es uns, einen grundlegenden Unterschied zum Sonntag, der ja auch schulfrei ist, herzustellen. Nach hergebrachter Weise begingen wir den Erew Schabbath. Schon der äußerliche Umstand der Festkleidung, des Lichterglanzes auf sorgfältig gedeckten Tischen brachte eine besondere Stimmung hervor. Mit dem Lied ‚Scholaum alechem' und dem Kiddusch vor der Mahlzeit, die natürlich auch eine besondere war, begann der feierliche Abend und wir fühlten, daß irgendetwas Besonderes auch den Abschluß bilden müßte. So kamen wir auf das Tischgebet, das an diesem Abend seinen Platz fand. Um noch eine Weile beieinander zu bleiben, wurde meist noch etwas vorgelesen oder zusammen musiziert. Der Schabbathmorgen begann mit einer Morgenfeier. Die Kinder waren es, die sich bei einer Aussprache an den Anfang der Morgenfeier ein kurzes Gebet, ähnlich dem Kiddusch am Erew Schabbath gewünscht hatten. Wir wählten dafür den Kiddusch ‚Wschomru'. Danach hörten wir uns ein Musikstück, von Geigen oder auf dem Harmonium gespielt, an. Der darauf folgenden Bibelvorlesung legten wir nicht die Sidra zugrunde, da uns daran lag, wenigstens die erzählenden Partien hintereinander und ohne Auslassung zu lesen. Wir beabsichtigten, den Kindern einen direkten Zugang zur Bibel zu verschaffen. Daher lasen wir sie deutsch und hebräisch. Bei der Wahl der Übersetzung kamen wir nach manchen Versuchen zu der von Buber-Rosenzweig, die nach einiger Gewöhnung auf die Kinder den stärksten Eindruck machte. Wir legten Wert darauf, den hebräischen Text im Unterricht jedesmal vorzubereiten, um alle zu einem wirklichen Verstehen des Vorgelesenen zu bringen. Gemeinsamer Gesang beschloß die Feier. Wie schon angedeutet, ließen wir absichtlich den Vormittag nicht einfach frei, sondern besetzten ihn teilweise mit einem jüdischen Geschichtsunterricht. Daß mehr aus technischen Gründen auch ein Teil des Musikunterrichts zu dieser Zeit stattfinden mußte, schien uns den Sinn des Tages nicht zu stören. Die Gewohnheit, die Mahlzeit hin und wieder mit einem Spruch zu beginnen, bekam am Schabbath ihre besondere Bedeutung durch die Auswahl aus den Pirke awoth oder den Sprüchen der sonstigen talmudischen Literatur. Die Zeit nach dem Mittagessen und der frühe Nachmittag gehörten ganz dem Einzelnen und ‚Schabbath menucha' war ihr Motto. Hebräische Lieder und Erzähltes aus der reichen jüdischen Sagenwelt vereinigten alle wieder beim Oneg Schabbath, der in seiner Geschlossenheit den stärksten Eindruck auf die Kinder und alle, die ihn einmal bei uns erlebten, machte und immer ein wirklicher Abschnitt im Ablauf der Tage war. Bei Gelegenheit einer *Barmizwah* wichen unserer Morgenfeier ab und bereiteten einen traditionell Gottesdienst vor, da wir glaubten, nur so dem Sinn einer Einführung in die große Gemeinde Israels Ausdruck geben zu können. Die herkömmliche Vorlesung aus dem Sefer thora hinterließ auf die Kinder schon wegen ihrer Einmaligkeit einen solchen Eindruck, daß wir sie wohl auch als Mittelpunkt für die hohen Feiertage übernehmen werden. Wir haben bei dem Versuch der Gestaltung religiöser Feste mehr und mehr die Erfahrung gemacht, Ganzes nie leisten zu können. Kein Gebiet hat uns je so stark das Schicksal unserer geistigen Galuth vor Augen geführt wie dieses. Es muß in der Absicht eines solchen Unternehmen stets die Aufgabe liegen, etwas für das jüdische Volk Allgemeingültiges und nicht für einen kleinen Kreis Besonderes zu leisten; und da fühlten wir, daß uns dazu eine Autorität fehlt, die keine Person, sondern nur der Boden Erez Israels verleiht. Unser Bemühen hier wird darum immer zur Halbheit und Unvollkommenheit verdammt bleiben" (Michel 1934, S. 9 f.).

Bar Mizwa Feier von Heinz Ginsburg; Quelle: Daniel Bach;
Purim-Feier; Quelle: Ilse Thompson/Ida-Seele-Archiv

Sophie Friedlaender betonte in ihrem Beitrag über Caputh, dass es nicht Absicht war, den Jungen und Mädchen eine orthodoxe Atmosphäre zu schaffen. Trotzdem war die Auseinandersetzung mit den Urwerten des Judentums nicht vermeidbar, denn sie vermittelte ein neues Verständnis und half, „vieles in die Gestaltung der Feste aufzunehmen. Das Anzünden der Kerzen zum Schabbath, Singen, eine Morgenfeier mit biblischen Erzählungen wurden bald zur Regel. Das Pessachfest, das klassische Fest zur Erinnerung an die Befreiung aus der Sklaverei, war den Kindern leicht nahe zu bringen. Auf die Gesetzgebung am Sinai zum Wochenfest waren wir gerne stolz; die Kinder waren radikaler als wir: Sie wollten, daß alle Angestellten am Schabbath ruhen sollten. Nun, da die Stadtkinder im Land der Obstbäume soviel vertrauter mit der Natur geworden waren, hatten sie eine neue Beziehung zum Erntefest Sukkoth, und wir zogen in den Wald, Zweige zu sammeln für die Laubhütte. Die Weigerung der Hasmonaer, zu den griechischen Göttern zu beten, war leicht verständlich zu machen. In der Werkarbeit entstanden siebenarmige Leuchter und viele Geschenke. Chanukkah-Geschenke mußten selbst gemacht sein. Das Chanukkahfest brachte ein Leuchten in das Dunkel der Nazi-Winternacht" (Friedlaender 1983, S. 77).

4.2.4 Fremdsprachen, Sport und politische Bildung

Im Hinblick auf eine mögliche Emigration wurden die Jungen und Mädchen durch das Erlernen von Fremdsprachen, sportliche Trainingsprogramme und Schulungen im politischen Bereich dafür vorbereitet. Wenn für einen „Zögling" das Auswanderungsland in einem lateinamerikanischen Land lag, erhielt er eigenen Unterricht in Spanisch. Gelehrt wurde, überwiegend in spielerischer Form, (modernes) Hebräisch, das die Lehrkräfte selbst erst erlernen mussten, Englisch und Französisch:

„Die Hachschara, wörtlich ‚Tauglichmachung‘, war als organisierte Vorbereitung auf ein Leben in Palästina ein Teil des Unterrichts, wobei Palästina nicht ausschließlich als Ziel der Flucht vorgeschrieben wurde“ (Schroedter 2007, S. 138).

Wenn die Wetterlage es zuließ, erfolgte der Unterricht, wie für alle anderen Lehrfächer auch, unter Obstbäumen und im Kreis sitzend, oder auf der Terrasse des Einstein-Hauses. Man las Literatur in englischer, französischer und hebräischer Sprache. Das Hebräisch diente auch dazu in die „jüdische Wesensart einzudringen“ und ergänzte „durch eine ausgewählte Lektüre die sogenannten Kulturfächer: Deutsch und Geschichte“ (Friedmann 1933, S. 792). Die Sprachenlehrerinnen Sophie Friedlaender und Alice Berger studierten mit ihren Schüler*innen aus Klassiker- und Lehrbuchtexten Theaterstücke ein, die an Elternnachmittagen aufgeführt wurden. Hans Lamm, seinerzeit Mitarbeiter des „Central Vereins Deutscher Juden“, berichtete:

„Einige hundert Eltern hatten sich am ersten, strahlend schönen , Maisonntag im Jüdischen Landschulheim zu Caputh versammelt und verbrachten bei ihren dort untergebrachten Kindern einen sorglos vergnügten Nachmittag. Frau Feiertag begrüßte die Gäste, wies auf die landschaftliche Schönheit der Lage des Heims hin und lud die Gäste ein, nach einem Erfrischungstee, zu dem hebräische Lieder sauber einstudiert und sehr verständnisvoll dargeboten erklangen, sich zunächst etwas in den benachbarten Wäldern zu ergehen und den Sportplatz und die anderen Anlagen des Hauses zu besichtigen. Nachdem dies zu allgemeiner Befriedigung getan war, erfreuten zunächst eine Schülerin und ein kleiner Schüler mit einer Sonatine von Hauptmann und dann gelangten — Höhepunkt des Nachmittags — zwei Spiele zur Aufführung: ‚Le Parapluie‘ (nach einer Maupassantschen Novelle) und ‚David Copperfield‘ (frei nach Dickens). Die beiden Stücke waren in den Fremdsprachen von den Schülern selbst verfaßt worden; sie sollten wohl zunächst erweisen, wie erstaunlich sattelfest die Schüler von Caputh in der Aussprache, und im Bau der Sprache sind, darüber hinaus entzückten sie aber (um die prächtige Einstudierung hatten sich Fräulein Berger und Fräulein Friedländer verdient gemacht) durch die Ungezwungenheit des Spiels, durch die Laune und die Munterheit der Darsteller. Der Nachmittag war von Anfang bis Ende allen Teilnehmern ein Vergnügen“ (Lamm 1937, S. 9).

Erhaltene Dokumente von Sophie Friedlaender geben Auskunft darüber, dass über die besprochenen fremdsprachigen Klassiker- und Lehrbuchtextstellen Bezüge zum Lebensumfeld der Schüler*innen hergestellt wurde, „wie z. B. durch den Vergleich der schulischen Bedingungen in einem englischen Internat und in Caputh oder durch die Konfrontation von Kindern mit Problemen der Arbeitswelt, gelegentlich verknüpft mit der Perspektive einer möglichen Zukunft in Palästina" (Feidel-Mertz/Paetz 2009, S. 153).

Sport als Überlebenshilfe; Quelle: Ida-Seele-Archiv/Daniel Bachrach

Für die Nazis waren die Juden nicht nur feige, dreckig, verlogen, faul, unzuverlässig und hinterhältig, sie waren ebenso, entsprechend ihrer „dekadenten Erbmasse", von äußerst schwächlicher und verweichlichter körperlicher Konstitution. Somit hatte für die „Caputher" die Förderung der körperlichen Ertüchtigung Priorität. Dafür standen ein großes Spielfeld, mitten im Wald gelegen, und ein kleinerer Sportlatz mit Turngeräten hinter dem Haupthaus zur Verfügung. Schwimmen, Rudern, Waldlauf, Gymnastik, Fußball, Stafettenlauf, Völkerball, Treibball, Bocksprung etc. standen tagtäglich bis zu vier Stunden auf dem Freizeitprogramm, ob es regnete oder nicht. Bereits um sechs Uhr morgens schlüpften alle „Zöglinge" in die Trainingsanzüge zum obligatorischen Waldlauf, anschließend hieß es, sich mit freiem Oberkörper zu waschen. Nach der Mittagsruhe war wieder Sport angesagt. Ernst Reich äußerte 1995, dass ihm die intensive Sportausbildung in Caputh geholfen hatte das KZ Buchenwald überlebt zu haben, dank Heinz Phillippstahl, genannt „Fipps". Der beliebte Sportlehrer hatte seinen Schüler*innen regelrecht eingehämmert, wie wichtig es für die jüdische Jugend sei, den Körper nicht zu vernachlässigen, nicht mit hängenden Schultern und gesenkten Kopf, sondern mit geradem Rücken zu gehen und frei zu atmen. Ernst Reich berichtete weiter, wie er im Wald von Caputh den Fünftausendmeter-Lauf trainierte, angefeuert von „Fipps", wenn er nicht mehr konnte, und nachher wie „eine Maschine" lief (Traxler 1995, S. 28). Das Landschulheim beteiligte sich aktiv an den Sportfesten und Jugendwettkämpfen der jüdischen Schulen in Berlin, aber auch an den Veranstaltungen der jüdischen Jugendbünde, die im „Reichsausschuß der jüdischen Jugendverbände" organisiert waren. Der Dachverband, dem 1933 15 Jugendverbände mit ca. 600 Ortsgruppen und etwa 40 000 Mitgliedern angeschlossen waren, organisierte Sportfeste für das gesamte Reich. Die Caputher Sportler*innen nahmen bspw. an Sportfesten in Hamburg, Köln und Rostock teil, wo neben dem Einmarsch der jeweiligen Gruppen folgende Disziplinen der Leichtathletik auf dem Programm standen: Staffellauf (10x50m und 10x100m), Hochsprung, Kugelstoßen und 1.000-Meter-Lauf (Du Moulin 1995, S. 95 f). Ebenso dienten ausgedehnte Wanderungen mit den „Zöglingen“, die nicht nur im Rahmen des Heimatkundeunterrichts „ihren näheren Lebensraum erwanderten“ (Jüdisches Museum der Stadt Frankfurt am Main 1993, S. 340), der körperlichen Ertüchtigung.

Fridolin Friedmann schrieb im November 1933 in der „Jüdischen Rundschau“, „dass die Kinder in keiner romantischen Abgeschlossenheit mehr aufwachsen, sie sollen die Ausstrahlungen des politischen Geschehens, die Wandlungen in der sozialen Struktur der deutschen Judenheit, überhaupt die entscheidenden Veränderungen der Zeit unmittelbarer beobachten und verspüren, da sie keinesfalls bei ihrer künftigen Lebensgestaltung diese mächtigen Faktoren werden ausschalten können“ (Friedmann 1933, S. 792). Die politischen Ereignisse auf der Welt, vor allem in Deutschland und Palästina, wurden in Schule und Heim (auch in „Lebenskunde“) thematisiert und diskutiert, in der Schule oft in Kombination mit Geschichte, Biologie und Geographie (Heimatkunde). Zum Beispiel wurden die politischen, religiösen und kulturellen Strukturen in unterschiedlichen Staaten und ihre lokalen, regionalen sowie globalen Herausforderungen für Politik und Wirtschaft besprochen und mögliche Lösungswege erwogen. Man besprach und analysierte die symbolische und politische Bedeutung von sportlichen Veranstaltungen, diskutierte Grenzen der Religionsfreiheit, bspw. hinsichtlich des Umgangs mit religiösen Symbolen in der Öffentlichkeit. Auch standen Hitler und weiter Politiker und Funktionsträger der NSDAP auf dem „Programm“ (Du Moulin 1995 S. 76 ff.). Sophie Friedlaender berichtete, wie im Geographie-Unterricht innerhalb der Länderkunde das Gespräch auf den Italienisch-Äthiopischen Kolonialkrieg (1895-1896) kam und auf „die Haltung des Völkerbundes. Irland gab Anlaß für den Vergleich der kulturell unterdrückten katholischen Minderheit mit der Situation der Juden in Deutschland. Palästina und die Teilungsvorschläge – all das konnten wir in den Unterricht mit hineinnehmen“ (Taxler 1995, S. 75). Wie politisch interessiert und wissend die „Caputher“ an Politik waren, belegt der Brief des 12-jährigen Frank Zippert, der später bis zu seinem frühen Tod als Gärtner in der „Camp Hill School“ im schottischen Aberdeen arbeitete, an seinen in der Schweiz lebenden Musiklehrer Alfons Hirsch. Außerdem geht aus Frank Zipperts Zeilen hervor, wie wohl insgesamt die „Caputher“ ihre Lehrkräfte verehrten, ihnen vertrauten (Anhang: Dokument 18).

„Le Prapluie“ von Guy de Maupassant, Purim und „Saul und David“; Quelle: Steven Strauss/Ilse Thompson/Ida-Seele-Archiv

4.3 Die Jahre in NS-Zeit (1933–1938)

Als die Nazis an die Macht kamen wurde der Antisemitismus zur Staatsideologie erhoben. Der offene Hass auf alles, was jüdisch war unterlag einer immer stärker und brutaler anschwellenden Eskalation, die selbst Kinder und alte Menschen überrollte. Wie sah allgemein der Alltag für jüdische Schüler*innen in der neuen brauen Wirklichkeit aus? Sie wurden auf der Straße „Du Dreckjude“, „Du Judensau“ beschimpft (Franken 2005, S. 63). Ihre „arischen“ Mitschüler*innen und Lehrer*innen waren mehr oder minder „von der nationalsozialistischen Siegeswelle mitgerissen. Viele der Freunde von gestern waren verstummt, andere waren aggressiv und bösartig geworden. Die Lehrer, die gestern noch freundlich waren und gelobt hatten, mußten sich als gute Nazis beweisen. Sie sprachen herabsetzend von und zu ihren jüdischen Schülern. Die pädagogische Verantwortung war der neuen Philosophie zum Opfer gefallen. Selbst die Lehrer und Schulleiter, die noch den letzten Versuch des Widerstandes wagten (und es waren wenige), können es nur im Geheimen tun. Es war deutlich, daß auch sie dem Druck bald nachgeben würden“ (Schachne 1986, S. 24).

Berlin 1935: Die 10-jährige Lore Baer wird in der Schule von ihren Mitschüler*innen verspottet: „Mit Jüdchen, Jüdchen spiel ich nicht“, rufen sie ihr auf dem Schulweg nach. Die besorgten Eltern nehmen ihre Tochter von der Schule und suchen verzweifelt nach einer neuen, in der Lore ohne Angst und Tränen lernen kann. Endlich! Nach langem Suchen werden sie fündig. Das Mädchen kam in das Kinder- und Landschulheim von Gertrud Feiertag (Berger 2000, S. 54).

Görlitz 1934: Karl R. setzt sich handgreiflich zur Wehr, als ein Mitschüler die Wochenzeitung „Der Stürmer“ im Klassenzimmer aufhängt, daraus vorliest und trotz vielfacher Mahnrufe das hetzerische Periodikum nicht von der Wand abnimmt. Der sich verletzt fühlende Karl riss die Schmähschrift herunter. Daraufhin kam es zu einer tumultartigen Auseinandersetzung, wobei einiges im Klassenraum zu Bruch ging. Originalton:

„Ich brüllte wie wahnsinnig ‚Ihr Schweine, Ihr Feiglinge!‘ Plötzlich wurde die Klassentür aufgerissen. Dr. Raschke, unser Deutschlehrer stand fassungslos in der Tür. Mit blutverschmiertem Gesicht und zerrissenen Kleidern stand ich da. Die Schüler ließen von mir ab. In kurzer Zeit kamen noch mehr Lehrer ins Klassenzimmer gestürzt, unter ihnen auch Direktor Schweinfurt… ‚Komm sofort in mein Büro!‘ schrie der Direktor. Dort hatte ich keine Gelegenheit mich zu verteidigen. ‚Du verläßt sofort die Schule!‘ schrie er, ‚Morgen schickst du mir deine Eltern her!‘(Feidel-Mertz/Paetz 1994, S. 122).

Karl durfte in Görlitz keine andere Bildungsstätte besuchen. Und so kam er in das Landschulheim Caputh, von dessen Existenz seine Mutter durch Bekannte erfahren hatte.

Durch die zunehmende Hasspropaganda, den Druck und Misshandlungen an jüdischen Kindern in den öffentlichen Schulen, durch Lehrer wie Mitschüler, waren die Eltern auf der Suche nach einer Bildungsinstitution, „die ihren Kindern ein Lernen unter menschenwürdigen Bedingungen bieten konnte“ (ebd., S. 38). Und so wurde nicht nur für Lore und Karl, sondern für weitere Mädchen und Jungen jüdischer Herkunft, die in den öffentlichen Schulen gleiches erleben mussten, Caputh in den Jahren 1933 bis 1938 „eine Insel der Liebe, der Menschlichkeit und der geistigen Bemühung inmitten der Verzweiflung“ (Friedlaender 1994, S. 100). Die Wandlung des Landschulheims zu einer jüdischen Institution, beschrieb Schulleiter Fridolin Friedmann im November 1933 wie folgt:

„Wenn unter Rückwirkung der kritischen Nachkriegsjahre auf das gesamte Erziehungswesen die Idee ihrer Gründer in den Landerziehungsheimen nicht mehr restlos zu verwirklichen war, weil die Anlässe zur Unterbringung in einem solchen Heim häufig einer aktuellen Erziehungsschwierigkeit entsprangen, so vollzieht sich gerade jetzt in den jüdischen Elternkreisen ein Anschauungswandel, der eine jüdische Bildungsstätte dieser Art wieder sehr viel näher an die ursprüngliche Zielsetzung der Landerziehungsheime heranrückt. Diese Wandlung spiegelt sich deutlich in der Entwicklung des *Landschul- und Kinderheims Caputh* wider … Gewiß liegt der Grund, seine Kinder dort unterzubringen, für viele Eltern in sozialer und wirtschaftlicher Not – wie könnte es nach den umwälzenden Ereignissen dieses Jahres anders sein? – aber die Fälle, wo eine spezifische Erziehungsschwierigkeit dem Bedürfnis, seine Kinder einem Institut mit einheitlicher jüdischer Atmosphäre anzuvertrauen, gerade damit ihre natürliche Wohlgeratenheit keinen Bruch erleide... Nach $2^1/_2$ Jahren liegen also schon Erfahrungen vor, die vielfach die heute aus der veränderten Situation des Judentums heraus erkannten Theorien der Erziehung und des Unterrichts durch die Praxis bestätigen. Als durchgehende Erscheinung zeigt sich, daß auch Kinder, die von Haus aus keine jüdischen Inhalte mitbringen, eine Empfänglichkeit für alles Jüdische besitzen, die nicht erst aus der notwendigen Umkehr eines großen Teiles der deutschen Judenheit in ihnen wachgerufen werden konnte. Sie verlangen nach festen kultischen Formen, die freilich nicht einfach in der Nachahmung der gottesdienstlichen Handlung in der Synagoge bestehen dürfen, sondern gemäß der Eigengesetzlichkeit einer so und so beschaffenen Gemeinschaft sich in einer besonderen Abwandlung entwickeln müssen" (Friedmann 1933, S. 792).

Um die jüdische Ausrichtung der Einrichtung auch der Öffentlichkeit kundzutun, wurden Schulprospekte herausgegeben (Anhang: Dokumente 8 u. 9) und an infrage kommende (nicht nur jüdische) Behörden und Organisationen verschickt, bspw. an Jugendämter, Familienfürsorgestellen, Schulen und Wohlfahrtsverbände (Du Moulin 1995, S. 64 f).

Mit der zunehmenden Ausgrenzung jüdischer Schüler aus den öffentlichen Schulen ab April 1933 stieg die Zahl der Kinder und Jugendlichen bis 100, zuletzt bis 150 an (Feidel-Mertz 2002, S. 168). Dies bedurfte eines vermehrten Platzbedarfs. Darum mietete Gertrud Feiertag im Laufe der Zeit weitere Häuser mit Wassergrundstücken von jüdischen Besitzern an, die bereits emigriert waren. Dazu gehörten das „Einstein-Haus", das „Brettauer-Haus", das „Reiwald-Haus", das „Licht-Haus" und das „Stern-Haus". Die Benennung der Gebäude erfolgte nach deren Vermieter bzw. Vorbesitzer. Bedingt durch die zunehmende Schülerzahl wurden auch mehr Lehrkräfte benötigt, die Gertrud Feiertag und Schulleiter Fridolin Friedmann aus der Schar der „jüdisch versippten" Lehrer*innen, die aufgrund des „Gesetzes zur Wiederherstellung des Berufsbeamtentums" („Arierparagraph") vom 7. April 1933 sofortiges Berufsverbot erhielten und aus dem Staatsdienst entlassen wurden, rekrutierten. Wie innerhalb der Kinderschar war ebenso die Fluktuation im Erzieher-, Haus- und Lehrpersonal beachtlich. Wer konnte verließ Nazi-Deutschland. Abschiednehmen stand an der Tagesordnung. Keiner wusste so genau, wie lange er bleiben wird.

Die Zukunft war ein einziges großes Fragezeichen. Diese instabile Situation war keine „leichte Aufgabe für Lehrer und Erzieher, die ja die äußere Unsicherheit mit den Kindern teilten. Es war eine Herausforderung für jeden einzelnen Mitarbeiter, mit dieser Situation fertig zu werden“ (Friedlaender 1983, S. 70).

Den sich allgemein verbreitenden Antisemitismus in der deutschen Bevölkerung bekam auch das Kinder-Landheim sehr früh zu spüren (Anhang: Dokument 3). Das Haupthaus im Dorf wurde „Judenheim“, die dazugehörenden verstreuten angemieteten Gebäude das „Judenviertel“ genannt (Dörr/Ziorowski 1984, S. 14). Ein erster Überfall mit Steinwürfen auf das „Judenheim“ ereignete sich im Mai 1934, zwei weitere Angriffe am 17. und 19. Februar 1935. In beiden Fällen kam es „nur“ zu Sachbeschädigungen. Die Offensive auf das „Judenheim“ am 19. Februar 1935 erfolgte am Abend gegen 21 Uhr 30, als die Kinder schon in den Betten waren. Im Anzeigeprotokoll vom 21. Februar 1935 ist nachzulesen:

„Montag, am 19. ds. Mts., etwa 9 $^{1}/_{2}$ Uhr abends wurden auf unserem eigenen Grundstück Potsdamerstr. 18 wiederum von unbekannten Tätern Steine gegen die Hausfenster von der Waldseite her geworfen. Fast gleichzeitig waren eine Anzahl von etwa fünf Würfen hörbar, von denen etwa drei gegen die nach der Waldseite gelegenen großen Fenster des Erdgeschosses und zwei gegen Fenster einer Stube des ersten Stockwerks gerichtet waren. Im Erdgeschoss wurden zwei große Fensterscheiben zerschlagen, ein Stein flog durch das offene Fenster in den Speisesaal; außerdem wurde von den im Eßsaal befindlichen Erwachsenen das Anprallen von Würfen gegen die heruntergelassene Jalousie vor dem Mittelfenster gehört.

Im ersten Stockwerk wurde ein Zimmerfenster von 2 Steinen durchschlagen, von denen sich einer auf dem Fußboden der Veranda und der andere (ein Stein von Faustgröße) im Bett eines dreijährigen Kindes fand. Splitter der Fensterscheibe sind am nächsten Morgen in den Betten der Kinder gefunden worden. Es wurden im ganzen 4 Steine in den Räumen gefunden, die ungefähr die Größe einer Faust hatten.

Nur durch Zufall sind weder die im Speisesaal befindlichen Erwachsenen noch die im oberen Stockwerk schlafenden Kinder verletzt worden“ (Anhang: Dokument 12).

Die Heimleiterin zeigte Courage: Sie verlangte von den zuständigen Behörden die Verfolgung der Täter. Vergeblich, wie sich zeigte, denn die Taten wurden als Ausdruck des berechtigten Volkszorns gedeutet und darum ad acta gelegt. Angestachelt von der judenfeindlichen Erziehung in Elternhaus und Dorfschule kam es zu tätlichen Angriffen durch die Dorfjugend gegenüber den Bewohnern des „Judenviertels“ und „Judenhauses“. Am 6. September 1935 beschwerte sich Gertrud Feiertag bei der Ortspolizei, weil Knaben des Dorfes wiederholt Landschulheimkinder beschimpft, bedroht und körperlich angegriffen hatten. In ihrem Schreiben forderte sie, wenn auch wiederum vergebens, die Dorfpolizei mit folgenden Worten zum Handeln auf:

„Da wir uns den Eltern unserer Kinder gegenüber verantwortlich fühlen, bitten wir ergebenst, dem Treiben dieser offenbar unbeaufsichtigten Knaben Einhalt zu gebieten“ (Dörr/Ziorowski 1984, S. 14 f).

Daraufhin beschwerte sich 14 Tage später der Bürgermeister von Caputh, Otto Krüger, bei der Heimleiterin über das „provozierende Auftreten“ der Judenkinder und forderte von ihr, sie möge die „Zöglinge“ dahin belehren, „dass sich diese auf der Straße eines anderen Tones befleißigen“ (Grundmann 2004, S. 477). Auf der Rückseite von Gertrud Feiertags Beschwerdebrief hatte der Ortsvorsteher mit hohem SS-Rang zusätzlich vermerkt, „es sei ‚wieder mal so recht jüdisch erst frech sein und dann feige und Beschwerde erheben‘“ (ebd.).

Die Überfälle auf das Landschulheim spitzten sich im Laufe der Zeit derart zu, dass sogar ein SA-Mann nachts (zum Schein) Wache stehen musste. Im Jahre 1936 erfolgten mehrere Überfälle. Eine wohlgesonnene arische Hausangestellte warnte die Heimleiterin rechtzeitig vor einem geplanten Angriff der Hitlerjugend auf das Haus von Albert Einstein. Glücklicherweise „blieb es bei der bloßen Drohung, so daß der Unterricht schon am nächsten Tag seinen ungestörten Fortgang nehmen konnte“ (Walk 1991, S. 164). Da es an Drohungen das „Judenviertel“ und „Judenhaus“ anzugreifen und zu zerstören nicht mangelte, wurde ein Evakuierungsplan ausgearbeitet. Dieser musste einmal in die Tat umgesetzt werden: Jeweils ein Erwachsener übernahm eine Kindergruppe, „die er dann – ein jeder auf einem anderen Weg (durch den Wald, über die Fähre, über ein anderes Dorf) nach Potsdam führte und von da mit der S-Bahn nach Berlin“ brachte (Friedlaender 1983, S. 77). Nicht vergessen werden darf, dass es auch Beziehungen der Heimbewohner zur Bevölkerung gab, die nicht durch Konfrontation und rassistischer Vorurteile geprägt waren. Besonders die Kinder aus der unmittelbaren Nachbarschaft oder die, deren Eltern berufsbedingt mit dem Landschulheim verbunden waren, hatten Kontakte zu den jüdischen Jungen und Mädchen, alledings nicht gerade sehr häufig. Ein Landschulheimkind erinnerte sich an seine Spielgefährten von damals:

„Wir spielten zusammen, weil wir fanden, daß sie das bessere Spielzeug hatten. Die Kinder waren umgänglich, es gab kaum Streit“ (Dörr/Ziorowski 1984, S. 14).

Trotz allen antisemitischen Vorgängen versuchten die Nazis das jüdische Landschulheim propagandistisch für ihre Zwecke zu nutzen. Anlässlich der Olympischen Sommerspiele vom 1. - 16. August 1936 in Berlin 1936 wurde die Einrichtung „japanischen Besuchern von den Machthabern als ein Beispiel jüdisch-autonomer Erziehung im Dritten Reich vorgeführt" (Walk 1991, S. 164).

Äußerst dubios erscheint, dass 1937 Karl Kindermann, Lehrer für Griechisch, Latein, Französisch, Geschichte und Deutsch, mit einer ausgewählten Schülergruppe nach Griechenland reisen konnte (ebd.), obwohl die Devise galt: „Wenn die Olympiade vorbei, schlagen wir die Juden zu Brei" (Heid 2016, S. 36). Wie war das nur möglich? Diesbezüglich konstatierte Joseph Walk, dass der aus dem badischen Staatsdienst entlassene Studienrat auffallend gute Beziehungen zu den deutschen Behörden pflegte und „sich schon 1925 in einem Spionageprozeß einen Namen gemacht hatte" (ebd., S. 313). Hanan Harif entlarvt den Altphilologen als „jüdischen Gestapo-Mitarbeiter" (Harif 2012, S. 659). Kindermann selbst gab dazu im Dezember 1976 folgende Auskunft:

„Von Caputh aus unternahm ich mit 5 jued. Schuelern eine Reise nach der Insel Samos 1937. Ich brachte das eben wegen meiner antikomm. Haltung fertig, die Erlaubnis zu bekommen. Wir suchten in Griechenland Möglichkeiten fuer eine Einwanderung von Juden" (https://de.wikipedia.org/wiki/Karl_Kindermann; http://leobaeck-library.org.moonsitesoftware.com/arch1.htm).

In Griechenland; Quelle Steven Strauss/ Ida-Seele-Archiv

Im Jahre 1935 kam zufällig zum Vorschein, dass bislang keine Genehmigung für den Betrieb einer privaten Kinder- Landheimvolksschule vorlag, das Zulassungsverfahren schlichtweg vergessen wurde. Ein aufreibender Kleinkrieg begann, weil eine jüdische Schule einerseits unerwünscht war als autarke jüdische

Lebensäußerung, andererseits aber doch benötigt wurde, um die aus den öffentlichen Schulen vertriebenen Schüler*innen mit jüdischen Wurzeln unterzubringen. Fridolin Friedmanns Antrag auf eine nachträgliche Zulassung wurde vom befugten Kreisschulrat befürwortet, da dieser verhindern wollte, dass die jüdischen „Zöglinge" die evangelische Dorfschule besuchen. Dagegen wollte der noch ziemlich neu in seinem Amt agierende Landrat des Kreises Zauch-Belzig, Waldemar Vöge, dass das „Judenhaus", dem dieses schon längst ein Dorn im Auge war, geschlossen werde. Der Politiker äußerte sich dazu schriftlich mit folgenden Worten:

„Die Anwesenheit eines derartigen Heimes in meinem Kreise ist tief bedauerlich. Das gilt insbesondere für Caputh. Denn ich habe trotz meiner kurzen Anwesenheit im Kreise bereits wahrgenommen, dass dieses jüdische Heim sich offenbar mehr und mehr zu einer Quelle des Ärgernisses und der Unruhe auswächst. Ich muss daher den allergrössten Wert darauf legen, dass nicht nur die staatliche Anerkennung versagt wird, sondern dass die Schule umgehend geschlossen wird, damit die jüdischen Schüler aus Caputh fortziehen [...] Völlig unverständlich dürfte es für die deutsche Volksgenossenschaft sein, dass eine jüdische Schule staatlich anerkannt wird, zu diesem Zeitpunkt, in dem das Judentum der ganzen Welt nach wie vor einen konzentrischen Angriff auf Deutschland unternimmt" (Feidel-Mertz/Paetz 1994, S. 41 f).

Die Angelegenheit blieb zunächst in der Schwebe. Ein Grund dafür könnte sein, dass die Einrichtung für den Ort einen wichtigen Wirtschaftsfaktor darstellte. Immerhin „entfielen aus dem Jahresetat des Landschulheimes etwa 30000 bis 40000 Mark auf die Wirtschaftsführung, von denen zwei Drittel sich auf die ortsansässigen Gewerbebetrieb verteilte" (ebd., S. 42). Nicht zu vergessen, dass die „Judeneinrichtung" auch Arbeitgeber für mehrere arische Hausangestellte war. Am 1. März 1936 drängten Gertrud Feiertag und Schulleiter Fridolin Friedmann auf einen endgültigen Beschluss, zumal sie für das an Ostern beginnende neue Schuljahr eine größere Anzahl von Kindern erwarteten. Ausgerechnet die Verabschiedung der „Nürnberger Gesetze" („Blutschutzgesetz") vom 15. September 1935, die die Degradierung jüdischer Bürger zu Menschen minderen Rechts besiegelte und ihre gezielte Diskriminierung vorbereitete, führte zu einer positiven Klärung. Da in den Rassengesetzen auch festgeschrieben worden war, dass jüdische Kinder endgültig nicht mehr öffentliche Schulen besuchen und nur noch in besonderen Schulen unterrichtet werden durften, gebot es die nationalsozialistische Logik, eine private Schule für jüdische Kinder zu genehmigen. Am 16. Juni 1936 erging an den Schulleiter der nachträgliche Genehmigungsbescheid, mit dem ausdrücklichen Hinweis, dass in der privaten Heimschule „nur nichtarische Kinder beschult werden dürfen" (ebd., S. 43). Ein von Gertrud Feiertag eingereichtes Gesuch auf Befreiung von der Grundsteuer für das Grundstück Potsdamer Straße 18, da dieses als Schulgelände benutzt wird, wurde vom „Reichsministerium für Wissenschaft, Erziehung und Volksbildung", geleitet von Reichsminister Bernhard Rust, mit folgender Begründung abgelehnt:

„Der Staat duldet derartige Einrichtungen in gewissen Grenzen, hat aber keine Veranlassung sie zu fördern" (Feidel-Mertz/Paetz o. J., o. S.).

In den Jahren 1936 und 1937 gab es gravierende personelle Umstellungen. Tragende „Säulen" der Einrichtung und bei den Schüler*innen so beliebte Lehrkräfte verließen die Einrichtung. Dazu gehörten die Musiklehrer Alfons Hirsch, Hans Eppstein, Schulleiter Fridolin Friedmann und die Englisch- und Geographielehrerin Sophie Friedlaender. Letztgenannte, die an die Jüdische Oberschule in Berlin überwechselte, folgten weitere Unterrichtende. Hierzu schreibt Sophie Friedlaender rückblickend:

„Heute scheint es uns ganz unglaublich, daß die Jüdische Gemeinde Berlin noch im Jahr 1937 eine eigene jüdische Höhere Schule aufgemacht hat, in der all die jüdischen Schüler und Lehrer, die von den öffentlichen Schulen ausgeschlossen waren, noch zu normalen Unterricht in vollen Klassen zusammengefaßt werden konnten. Der damalige Leiter der Caputh-Schule und eine ganze Reihe befreundeter Kollegen folgten dem verlockenden Ruf, noch einmal an einer ‚richtigen' Schule zu arbeiten" (Friedlaender/Jarecki 1996, S. 47).

Die Schulleitung übernahm der promovierte Mathematiker und Physiker sowie Lehrer für Höhere Schulen Ernst Ising. Er war 1927 in der Reformschule „Schloss Salem" tätig, zuletzt als Studienassessor in Crossen an der Oder, wo er 1933 aus dem Staatsdienst entlassen wurde. Daraufhin ging Ernst Ising nach Caputh, wo er die Fächer Mathematik und Physik unterrichtete. Da die Schikanen, Pöbeleien und Übergriffe dem Landschulheim gegenüber immer mehr zunahmen, plante Gertrud Feiertag ihre Einrichtung nach Holland (Feidel-Mertz 2004, S. 29 u. S. 54) oder England (Friedlaender/Jarecki 1996, S. 157) zu verlegen. Diesbezüglich hatte sie schon mehrmals Hilde Lion, die 1934 in Haslemere (Grafschaft Surrey) die „Stoatley Rough School" ins Leben rief (Berger 2004, S. 49 ff.) und vor ihrer Emigration öfter Gast in Caputh war (Friedlaender 1983, S. 75), sowie Anna Essinger, der es in einer gut vorbereiteten und als Ausflug getarnten „Nacht-und-Nebel-Aktion" noch im Jahr der Machtergreifung gelang, ihr Landerziehungsheim in Herrlingen nach Otterden (Grafschaft

Kent) zu überführen, kontaktiert (Berger 1997, S. 47 ff.; Du Moulin 1995, S. 112 ff.). Erwog sie womöglich eine Evakuierung nach Palästina? Diesbezüglich schrieb Gertrud Feiertag im Brief vom 22. April 1938 an den ehemaligen Musiklehrer von Caputh, Alfons Hirsch:

„Wir verhandeln in den nächsten Tagen wegen der Erhaltung Caputh's, da meine Pal. Pläne zerstoben sind" (Anhang: Dokument 13).

Eine persönliche Einwanderung nach Holland oder Schweden, wohin Freunde Gertrud Feiertag holen wollten, „erschien ihr von vornherein offenbar wenig aussichtsreich und verlockend" (Feidel-Mertz 2004, S. 29); außerdem wollte sie in dieser schweren Zeit ihren „Caputhern" zur Seite stehen und nicht allein ihrem Schicksal überlassen.

Am Morgen des 10. Novembers 1938 erreichte der Vandalismus gegenüber dem „Judenhaus" und „Judenviertel" seinen absoluten Höhepunkt. Schon in der Nacht davor, verharmlosend „Kristallnacht" genannt, brannten im ganzen Reich die Synagogen, verwüsteten Schlägertrupps jüdische Kaufhäuser und andere Einrichtungen, wurden etwa 20000 Juden in die KZs Buchenwald, Dachau und Sachsenhausen deportiert (Buser 2017, S. 369). Bis zu 100 Menschen hatte man ermordet oder erlagen in den Wochen danach ihren Verletzungen. Es war der Anfang eines neuen, noch ungleich brutaleren Stadiums der Judenverfolgung. Das „Judenhaus" wurde von der aufgehetzten Dorfbevölkerung gestürmt, Türen aufgebrochen Fenster zerschlagen. Aus dem Haus flogen Bettgestelle, Möbel, Kleider, ein „SA-Mann schlug den Pförtner des Heims mit einem Schlüsselbund die Hände blutig. Offenbar hatte er sich geweigert, Türen aufschließen" (https://www.stiftung-toleranz.de/projekte/rekonstruktion-juedischer-schicksale-inpotsdam-und-caputh/). Während einer Gedenkveranstaltung zur Eröffnung einer Ausstellung am 10. November 1994 in der Fachhochschule Potsdam über das Caputher Kinder- Landschulheim, berichtete die Pädagogikprofessorin Elisabeth (Betsi) Rosenthal, die 1939, dank der Unterstützung von Gertrud Feiertag, mit einem Kindertransport nach England kam, wie sie am 10. November 1938 aus dem „Paradies ihrer Kindheit" urplötzlich vertrieben wurde. Eine aufgehetzte Menge von ca. 120 Bewohnern Capuths, darunter SA-Uniformierte, Lehrer und ihre Schüler stürmten das „Judenhaus":

„Plötzlich ging das Licht aus, und wir mußten alle aus den Klassenzimmern in den Eßsaal gehen. Da stand ein Nazi, breite Beine und große Stiefel, und schrie: Raus, raus, raus! Ein brutaler Mensch, der uns Angst machte. Aber Gertrud Feiertag sagte zu ihm: Lassen sie uns wenigstens die kleinen Kinder in Sicherheit bringen. Er antwortete nicht. Da sagte sie zu uns: Geht in eure Häuser, nehmt einen Mantel und außerdem nur, was ihr leicht tragen könnt. Dann gingen wir durch den Wald davon. Wir durften nicht durchs Dorf gehen, weil der Dorflehrer die Kinder aufgehetzt hatte. Er kam mit einer Horde von Dorfkindern, und die warfen Steine auf unser Haus. Meine Freundin *Tamara* sah, daß da auch ein Polizist stand und sagte: Also, der Polizist wird ihnen schon sagen, daß man keine Steine werfen darf! Aber der Polizist stand einfach da und sah zu. *Tamara* hatte einen Freund im Dorf gehabt, mit dem sie ab und zu Schlittschuh laufen ging und radeln, und dieser Junge war auch dabei. Aber er hat keine Steine geworfen, sondern ist beiseite gegangen und hat Tamara angeguckt und ihr zu gewunken. Da wußte sie, der war nicht bei den Kaputtmachern" (Traxler 1995, 28).

Schulamit Khalef erinnerte sich als 75-Jährige:

„Am 9. November 1938, am Tag der sogenannten *Kristallnacht*, wurden die vier bis fünf Häuser des Landschulheims durch die Bevölkerung Capuths und sicher auch Potsdams zerschlagen. Die Häuser mit allem Inventar zerstört. Dazu benutzten die Menschen Äxte, Steine und andere Zerstörungsmaterialien. Ich kann mich noch gut daran erinnern, dass der Flügel auf der Havel schwamm. Auch das ‚Haus Beth Einstein', das Professor Einstein gehörte, wurde furchtbar ramponiert. Dies war eine bestialische Tat, getrieben von blindem Haß, den ich nicht erklären kann und für den es keine Worte gibt. Wir Kinder und die Erwachsenen waren zu Tode erschrocken, wurden bedroht und aus dem Haus gejagt" (Franken 2005, S. 116).

Schließlich gingen die Kinder, die teilweise nur ihren Schlafanzug am Leib trugen, so wie sie es eingeübt hatten, gesittet in kleinen Gruppen aufgeteilt und jeweils unter Führung eines Erwachsenen auf einsamen Waldwegen nach Potsdam zum Bahnhof, von dort ging es weiter nach Berlin. In der Reichshauptstadt fanden einige der „Zöglinge", die dort keine Eltern oder Verwandte hatten, Unterschlupf im elterlichen Haus einer Lehrerin. Manche mussten allein ihren Weg nachhause finden, wie bspw. der vierzehnjährige Hugo Meyerhof (https://www.pnn.de/potsdam/erinnerung-an-pogromnacht-1938-der-ton-ist-hier-rau-aber-herzlich/26601838.html) oder die zehnjährige Sylvia Wagenberg. Rückblickend berichtete Schulamit Khalef, dass sie mitten in der Nacht, ganz auf sich gestellt auf dem Kurfürstendamm bis zur Fasanenstraße, wo ihre Mutter wohnte, gelaufen sei:

„Ich hatte große Angst, ich war doch erst zehn Jahre alt. Die Synagogen brannten, und alle jüdischen Geschäfte waren zerstört und die Fenster zerschmettert. Auf den Straßen lagen die Scherben und die Waren aus den Geschäften. Es war ein

Tohuwabohu. Menschenmassen drangen in die Geschäfte ein und plünderten. Jüdische Menschen wurden angegriffen und geschlagen. Religiöse Männer zog man an ihren Bärten und verspottete sie. Es war ein grausamer Anblick, besonders für ein Kind von zehn Jahren, das da hilflos durch die Straßen lief. Leider traf ich meine Mutter nicht zu Hause an. Es war schon dunkel, so setzte ich mich auf die Treppenstufen im Treppenhaus, bis sie kam. Meine Mutter musste mir erst Sachen kaufen, weil ich ohne alles geblieben war, als man uns aus Caputh wegjagte" (Franken 2005, S. 116 f).

Etwa 8 Wochen lang kehrte ein Teil der Lehrer*innen und Erzieher*innen zurück in das stark „demolierte Heim, räumten auf, bargen Papiere und Wäschestücke, klaubten den Besitz der Kinder aus den mit Essensresten verklebten, stinkenden Trümmern, vergruben den Rest im Garten. Dort zu übernachten, wagten sie nicht. Wenn die Wäschestücke gezeichnet waren, wenn in den Büchern eine Widmung stand, brachten sie sie den Kindern, denen sie gehörten, zurück. Aber das war das Ende des Jüdischen Landschulheims" (Steinitz/Scheer 2014, S. 56 f).

Epilog

„Wer sich nicht an seine Vergangenheit erinnern kann, ist dazu verdammt, sie zu wiederholen" (George de Santayana)

Als Gertrud Feiertag 1931 in Caputh das „Kinder-Landheim zur Erziehung, Pflege und Erholung" ins Leben rief, konnte sie bereits auf eine längere pädagogische Erfahrung zurückblicken. Mit ihrer in der damaligen Zeit ungewöhnlich fortschrittlichen Pädagogik schaffte sie es, in kürzester Zeit einen Raum zu gestalten, der vom gemeinsamen Lernen und Leben geprägt war. Körperliche Ertüchtigung, Erziehung zur Arbeit, Sport und Ausflüge, Musik und Theateraufführungen bestimmten den Alltag im Kinder-Landheim. Zu einem besonderen Erlebnis gestalteten sich die regelmäßigen Gesprächsbegegnungen mit „Trudebude". Die Erziehung- und Bildungseinrichtung war anfänglich nicht nur für jüdische Kinder gedacht, sie war eher „interkonfessionell' oder „international" ausgerichtet. Jedoch mit dem Machtantritt der Nazis, verbunden mit der zunehmenden Verdrängung der Jungen und Mädchen mit jüdischen Wurzeln aus den öffentlichen Schulen, wurde die Einrichtung zum Zufluchtsort für jüdische Kinder, deren Eltern sie vor der Diskriminierung schützen wollten oder nicht mehr ausreichend für sie sorgen konnten. Das „Jüdisches Landschulheim Caputh", wie es sich ab 1936 nennen musste, sah seine Aufgabe darin, die erschütterte und beschädigte Identität der „Zöglinge" durch Besinnung auf den Eigenwert jüdischer Kultur und Menschlichkeit zu stabilisieren. „Das Wichtigste für uns war", konstatierte Alice Bergel (vormals Alice Berger; Anhang: Dokument 14), die von 1935 - 1938 als promovierte Sprachlehrerin in Caputh arbeitete, „den Kindern den Respekt vor sich selber zu erhalten, den ihnen die Umgebung zu zerstören suchte. So brachten wir ihnen ihr jüdisches Erbe nahe und überzeugten sie, daß sie sich nicht zu schämen brauchten, Juden zu sein, im Gegenteil, daß das Judentum ihnen neue Lebenswerte bieten konnte" (Feidel-Mertz/Paetz 1994, S. 98). Ein weiterer wichtiger Faktor war die Vorbereitung auf eine mögliche Auswanderung. Dazu gehörte nicht nur die Entwicklung einer spezifisch jüdischen Identität, ebenso der Erwerb von Fremdsprachen, naturwissenschaftlichen und handwerklichen Fähigkeiten.

Es war vor allem „Tante Trude", die die „geistige Luft" der Erziehungs- und Bildungsstätte prägte. Die „Arbeit mit Kindern war ihr Leben", schrieb treffend Sophie Friedlaender „und machte damit deutlich, wie vollständig GERTRUD FEIERTAG in dieser Arbeit aufging" (Feidel-Mertz 2004, S. 22). Für die ehemaligen „Caputher" blieb **ihr** Landschulheim zeitlebens in positiver Erinnerung, wobei besonders die familiäre Atmosphäre hervorgehoben wurde.

Man könnte die Frage stellen, ob die Geschichte des „Jüdischen Landschulheims Caputh" überhaupt geschrieben werden sollte, zumal es sich hier nur um eine Epoche von sieben Jahren handelt. In diesem kurzen Zeitabschnitt konnte sich keine wirkende Tradition entwickeln. Doch Caputh war ein Erziehungsversuch unter einzigartigen Bedingungen, der selbst heute nichts von seiner Eigenart und Bedeutung verloren hat. Gertrud Feiertags Lebenswerk lebt trotz Zerstörung durch die Nazis weiter, muss in der deutschen Öffentlichkeit weiterleben, denn, wie der spanische Philosoph und Schriftsteller George de Santayanas konstatierte, ist jener, der die Geschichte nicht kennt, dazu verdammt, sie zu wiederholen. Die Beschäftigung und Aufarbeitung mit der Geschichte des „Jüdischen Landschulheims Caputh" „ist nur eine, aber unabweisbare spezifische Konsequenz" daraus (Feidel-Mertz/Paetz 2009, S. 338). Gerade im Jahr 2021, in dem Deutschland auf eine 1700-jährige Geschichte jüdischen Lebens zurückblicken kann, ist es wichtig und notwendig, die Erinnerung an die Schoah und den ungeheuren menschlichen wie kulturellen Verlust zu bewahren, an Gertrud Feiertag und ihrem Kinder-Landschulheim zu erinnern, damit ihre Spuren nicht von der schnelllebigen Zeit verweht werden.

Heute befindet sich in der ehemaligen Erziehungs- und Bildungseinrichtung das Jugendhilfezentrum „Gertrud Feiertag", an dessen Eingang ein Stolperstein und eine Tafel an Gertrud Feiertag und ihr Lebenswerk erinnern. In Caputh gibt es den „Gertrud Feiertag Weg“ und in Potsdam die „Gertrud Feiertag Straße“. Im Juli 2021 soll die Pädagogin Gertrud Feiertag zur Ehrenbürgerin von Caputh (Gemeinde Schwielowsee) ernannt werden.

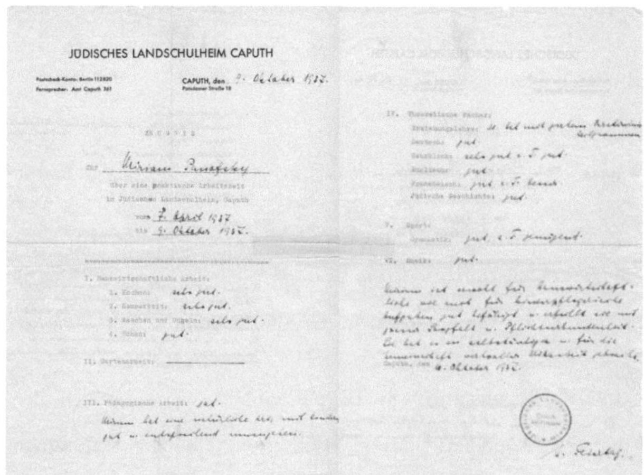

JÜDISCHES LANDSCHULHEIM CAPUTH

Postscheck-Konto: Berlin 112820
Fernsprecher: Amt Caputh 361

CAPUTH, den 9. Oktober 1937.
Potsdamer Straße 18

Zeugnis

für Miriam Panofsky

über eine praktische Arbeitszeit
im Jüdischen Landschulheim, Caputh
vom 7. April 1937
bis 9. Oktober 1937.

I. Hauswirtschaftliche Arbeit:
1. Kochen: sehr gut.
2. Hausarbeit: sehr gut.
3. Waschen und Bügeln: sehr gut.
4. Nähen: gut.

II. Gartenarbeit: ___

III. Pädagogische Arbeit: gut.

IV. Theoretische Fächer:
Deutsch: gut.
Kochlehre: gut.

V. Sport:
Gymnastik: gut.

VI. Musik: gut.

Zeugnis für Miriam Panofsky; Quelle: Ida-Seele-Archiv

Haupthaus; Quelle: Ilse Thompson/Ida-Seele-Archiv; Inserat in Jüdische Rundschau 1935/Nr. 18, S. 10

Glossar

Bar Mizwa (Barmizvah): Bezeichnung für die feierliche Einführung des 13jährigen Jungen in die jüdische Religionsgemeinschaft als mündiges Mitglied.

Erez Israel: Land Israel.

Chanukka(h): Lichterfest. Eine acht Tage währende Feier zum Andenken an die Wiedereinweihung des zweiten Tempels in Jerusalem durch Judas Makkabäus im Jahre 165 v. Chr.

Ere(v)w Schabbat(t): Schabbatanfang.

Galut(h): Jüdische Diaspora, Exilzeit.

Hasmonaer: Name eines Herrschergeschlechts im zweiten und ersten Jahrhundert vor Christi in Judäa.

Jom Kippur: Versöhnungstag. Höchster jüdischer Feiertag; Buß- und Fastentag, verbunden mit der Bitte um Vergebung von Sünden.

Kiddusch: Lob- und Segensspruch mit dem der Sabbat und die jüdischen Feiertage eingeleitet werden.

Kiddusch Wschomru: Segenspruch „Sie Bewahrten“.

Menora: Siebenarmiger Leuchter; eines der wichtigsten religiösen Symbole im Judentum.

Oneg Schabbatt: Sabbat-Wonne od. Sabbat-Freude. Gesellige Zusammenkünfte am Sabbat zum gemeinsamen Lernen, Singen usw.

Pessach: Achttägiges Frühlingsfest zur Erinnerung an den Auszug der Israeliten aus Ägypten; eines der so genannten „Wallfahrtsfeste“.

Pirke Avot: Sprüche der Väter.

Purim: Jüdischer Halbfeiertag; Freudenfest zum Gedenken an die Rettung der persischen Juden durch Esther während der babylonischen Gefangenschaft.

Rosch Haschana: Neujahrsfest.

S(ch)abbat: Wöchentlicher Ruhetag der Juden. Der Sabbat beginnt am Freitagabend und endet am Samstagabend.

Schabbat Menucha: Ruhe, heißt hier mehr als Abstand nehmen von Arbeit und Anstrengung, heißt mehr als frei sein von harter Arbeit, Mühe oder Tätigkeit irgendwelcher Art.

Sederabend: der Beginn des Pessachfestes.

Seder T(h)ora(h): Handgeschriebenes Exemplar der Thora.

Schalom Alejchem: Der Friede sei mit euch.

Schoah: Katastrophe.

Schwat: Neujahrsfest der Bäume.

Sukka: Laubhütte.

Sidra (oder Parascha): Leseabschnitt der Tora.

Sukkot: Laubhüttenfest (neun Tage). Biblisches Fest zur Erinnerung an den Auszug der Stämme Israels aus Ägypten und ihre 40jährige Wüstenwanderung. Auch herbstliches Erntedankfest.

Talmud: Eines der bedeutendsten Schriftwerke des Judentums.

T(h)ora(h): Lehre. Die fünf Bücher Mose.

Zehdakah: Wohtätigkeit.

Weblinks

http://www.humboldtgym.de/images/Neuigkeiten/2017-2018/Flyer_Ausstellung_Antisemitismus.pdf (zuletzt abgerufen 12. April 2021)

https://de.wikipedia.org/wiki/Karl_Kindermann (zuletzt abgerufen 12. April 2021)

http://leobaeck-library.org.moonsitesoftware.com/arch1.htm, Nr. 800 Kindermann, Dr. Karl – „Affaire“ (zuletzt abgerufen 12. April 2021)

http://www.tenhumbergreinhard.de/transportliste-der-deportierten/transportliste-der-deportierten-1943/transport-17051943-berlin-moabit.html (zuletzt abgerufen 12. April 2021)

https://rundfunk.evangelisch.de/kirche-im-radio/feiertag/sag-mir-wo-die-kinder-sind-11467 (zuletzt abgerufen 12. April 2021)

https://www.stolpersteine-berlin.de/de/biografie/2495 (zuletzt abgerufen 12.April 2021)

https://www.archiv-log.com/single-post/2017/11/08/caputh (zuletzt abgerufen 12.April 2021)

https://www.pnn.de/potsdam/erinnerung-an-pogromnacht-1938-der-ton-ist-hier-rau-aber-herzlich/26601838.html (zuletzt abgerufen 12.April 2021)

https://www.stiftung-toleranz.de/projekte/rekonstruktion-juedischer-schicksale-in-potsdam-und-caputh/ (zuletzt abgerufen 12.April 2021)

www.landschulheim-caputh.de (zuletzt abgerufen 12.April 2021)

Archive

Bundesarchiv Berlin, ZSg 138

Brandenburgisches Staatsarchiv, Pr. Br. Rep. 2A, Potsdam I Pol, Nr. 1165

Ida Seele Archiv, Akte Jüdisches Landschulheim Caputh/Gertrud Feiertag

Museum Auschwitz-Birkenau

Literaturverzeichnis

Arbeitskreis Jüdische Wohlfahrt/Steinheim Institut/ZWST (Hrsg.): 100 Jahre Zentralwohlfahrtsstelle der Juden in Deutschland (1917-2017). Brüche und Kontinuitäten, Frankfurt/Main 2017

Bardy, E.: Die Gründer der Landerziehungsheime, in: Scheuerl, H. (Hrsg.): Klassiker der Pädagogik. Zweiter Band. Von Karl Marx bis Jean Piaget, München 1979, S. 152-169

Berger, M.: Anna Essinger – Gründerin eines Landerziehungsheims. Eine biographisch-pädagogische Skizze, in: Zeitschrift für Erlebnispädagogik 1997/H. 4, S. 47–52

Berger, M.: Manfred Berger: Erika Mann, in: Baumgärtner, A. C./Kurt, F./Pleticha, H. (Hrsg.): Kinder- und Jugendliteratur. Ein Lexikon, Meitingen 1999, 7. Ergänzungslieferung, S. 1-9

Berger, M.: Oase in der Wüste. Gertrud Feiertag und ihr Kinder- und Landheim in Caputh, in: aktuell. Informationen aus und über Berlin 2000/Nr. 65, S. 23-25

Berger, M.: „Eine Insel der Liebe, der Menschlichkeit und der geistigen Bemühung". Recherchen zum Jüdischen Landschul- und Kinderheim (Landerziehungsheim) in Caputh bei Potsdam, in: Zeitschrift für Erlebnispädagogik 2000/H. 2, S. 54-66

Berger, M.: Gertrud Feiertag. Eine Wegbereiterin der modernen Erlebnispädagogik? Das Jüdische Kinder- und Landschulheim Caputh als Beispiel jüdischer Erziehung im Dritten Reich, Lüneburg 2003

Berger, M.: Hilde Lion: Gründerin eines Landerziehungsheims im englischen Exil, in: Zeitschrift für Erlebnispädagogik, 2004/H. 7, S. 49-63

Berger, M.: Bertha von Petersenn. Eine Wegbereiterin der modernen Erlebnispädagogik?, Lüneburg 2008

Boetticher, A. v./Reuppelt, G.: Erlesenes Wolfenbüttel. Bildung und Literatur in Stadt und Land, Wolfenbüttel 2019

Braun, R.: Gertrud Feiertag und ihr „Jüdisches Kinder-Landschulheim in Caputh". Ein vergessenes Kapitel reformpädagogischer (jüdischer) Schulgeschichte von 1931–1938, Köln 2002 (unveröffentl. Diplomarbeit)

Buse, V.: 100 Jahre Zentralwohlfahrtsstelle – eine Chronik, in: Arbeitskreis Jüdische Wohlfahrt/Steinheim Institut/ZWST (Hrsg.): 100 Jahre Zentralwohlfahrtsstelle der Juden in Deutschland (1917-2017). Brüche und Kontinuitäten, Frankfurt/Main 2017, S. 353-407

D. B.: Chanukka-Feiern, in: Jüdische Rundschau 1935/Nr. 103/104, S. 18

Dörr, M./Ziorowski, J.: Erste Untersuchungen über das jüdische Kinder- und Landschulheim während der Zeit des Faschismus in der Gemeinde Caputh. Eine Studie, Caputh 1984 (unveröffentl. Manuskript)

Du Moulin, E. v.: „Eine Oase in der Wüste von Nazi-Deutschland“. Das jüdische Landschulheim in Caputh bei Potsdam (1931-1938). Eine Studie, München 1995 (unveröffentl. Diplomarbeit)

Fehrs, Jörg H.: Von der Heidereutergasse zum Roseneck. Jüdische Schulen in Berlin 1712-1942. Berlin 1993.

Feiertag, G.: Lichtlein am Werdeweg, Wandsbek o. J.

Feidel-Mertz, H./Paetz, A.: Ein verlorenes Paradies. Das Jüdische Kinder- und Landschulheim Caputh (1931-1938), Frankfurt/Main 1994

Feidel-Mertz, H.: Feiertag, Gertud – Sozialpädagogin, in: Maier, H. (Hrsg.): Who is who der Sozialen Arbeit, Freiburg 1998, S. 170

Feidel-Mertz, H.: Jüdische Landschulheime im nationalsozialistischen Deutschland. Ein verdrängtes Kapitel deutscher Schulgeschichte, in: Hansen-Schaberg, I./Schonig, B. (Hrsg.): Landerziehungsheimpädagogik, Hohengehren 2002, S. 156-178

Feidel-Mertz, H.: „Mit dem Blick fürs Ganze“. Die Sozialpädagogin Gertrud Feiertag (1890-1943), in: Hansen-Schaberg, I. (Hrsg.): Wege von Pädagoginnen vor und nach 1933, Baltmannsweiler 2004, S. 21-31

Feidel-Mertz, H./Paetz, A.: Ein verlorenes Paradies. Das Jüdische Kinder- und Landschulheim Caputh (1931-1938), Bad Heilbrunn 2009

Feidel-Mertz, H./Paetz, A.: „Ein verlorenes Paradies“. Das jüdische Kinder- und Landschulheim Caputh. Dokumente einer anderen pädagogischen Praxis, Potsdam o. J.

Franken, I.: Gegen das Vergessen. Erinnerungen an das Jüdische Kinderheim Fehrbelliner Straße 92 Berlin-Prenzlauer Berg, Berlin 2005

Friedlaender, S.: Jüdisches Landschulheim Caputh 1933 – 1938. Fragen wir mal Einstein, warum die Sterne nicht vom Himmel fallen, in: betrifft erziehung 1983/H. 11, S. 70-77

Friedlaender, S./Jarecki, H.: Sophie & Hilde. Ein gemeinsames Leben in Freundschaft und Beruf, Berlin 1996

Friedländer, S.: „Trudebude“- Gertrud Feiertag (4.7.1880-1943), in: Feidel-Mertz, H./Paetz, A.: Ein verlorenes Paradies. Das Jüdische Kinder- und Landschulheim Caputh (1931-1938), Frankfurt/Main 1994, S. 87-108

Friedmann, Dr.: Landschulheim Caputh, in: Jüdische Rundschau. Die Jüdische Schule. Blätter für jüdische Erziehung. Beilage der Jüdischen Rundschau 1933/Nr. 90, S. 792

Grossert, W.: Clara und Sylvia Wagenberg. Zwei Dessauer jüdische Mädchen im „Mädchenorchester“ des Vernichtungslagers Auschwitz-Birkenau. Eine Dokumentation, Dessau-Roßlau o. J.

Grundmann, S.: Einsteins Akte. Wissenschaft und Politik – Einsteins Berliner Zeit, Berlin/Heidelberg 2004

Harif, H.: Asiatische Brüder, Europäische Fremde: Eugen Hoeflich und der ‚Panasiatische Zionismus' in Wien, in: Zeitschrift für Geschichtswissenschaft, 2012/Nr. 7-8, S. 646-660

Heid, L. J.: „Wenn die Olympiade vorbei, dann schlagen wir die Juden zu Brei!" Der Organisator der Olympischen Spiele 1936 war „Halbjude", in: Jüdische Rundschau 2016/Nr. 8, S. 36

hs.: „Schaul und David", in: Jüdische Rundschau 1936/Nr. 100, S. 8

Jüdisches Museum der Stadt Frankfurt am Main: ZEDEKA. Jüdische Sozialarbeit im Wandel der Zeit. 75 Jahre Zentralwohlfahrtsstelle der Juden in Deutschland 1917-1992, Frankfurt/Main 1992, S. 340-344

Kirschninck, H.: Wo sind sie geblieben? Biografien und Geschichten der Juden von Norderney A-K, Norderstedt 2020

Klee, E.: Das Personenlexikon zum Dritten Reich. Wer war was vor und nach 1945, Frankfurt/Main

Knapp, G.: Das Frauenorchester in Auschwitz. Musikalische Zwangsarbeit und ihre Bewältigung, Hamburg 1996

Koschwitz-Newby, H.: Margarete Hirsch. „Die Hauptsache ist der Mensch", in: Wieler, J./Zeller, S.: Eimigrierte Sozialarbeit. Portraits vertriebener SozialarbeiterInnen, Freiburg/Brsg. 1995, S. 180-190

Kösters, K.: Magnus Zeller (1888-1972), in: Kösters, K. (Hrsg.): Anpassung – Überleben – Widerstand: Künstler im Nationalsozialismus, Münster 2012, S. 250-259

Lamm, H.: Elternnachmittag in Caputh, in: Jüdische Rundschau 1937/Nr. 37, S. 9

Lütkemeier, H.: Hilfen für jüdische Kinder in Not. Zur Jugendwohlfahrt der Juden in der Weimarer Republik, Freiburg/Brsg. 1992

Maierhof, G.: Selbstbehauptung im Chaos. Frauen in der Jüdischen Selbsthilfe 1933-1945, Frankfurt/Main

Mann, E.: A Gang of Ten, New York 1942

Mann, E.: Zehn jagen Mr. X, Berlin 1990

Marx, H.: Im Landschulheim Caputh bei Berlin, in: C.V. – Zeitung. Blätter für Deutschtum und Judentum 1934/Nr. 26, S. 15

Merseberg-Haubold, I.: Das jüdische Kinder- und Landschulheim Caputh. Wirkungen und Nachwirkungen, in: Hyams, H.-U. (Hrsg.): Jüdisches Kinderleben im Spiegel jüdischer Kinderbücher, Oldenburg 1998, S. 109-114

Michael, S.: Umgang mit Kindern. Ein Beitrag zum Erziehungsproblem, in: Der Morgen Monatsschrift der Juden in Deutschland 1938/H. 5, S. 158-163

Michel R.: Die Gestaltung jüdischer Feiern mit Kindern, in: Jüdische Rundschau 1934/Nr. 48, S. 9-10

Oelkers, J.: Reformpädagogik. Eine kritische Dogmengeschichte, Weinheim/München 1992

o. V.: Jüdisches Kinderlandheim in Caputh, in: Zeitschrift für jüdische Wohlfahrtspflege und Sozialpolitik 1931, S. 389

o. V.: Sag mir, wo die Kinder sind. Das jüdische Landschulheim Caputh, https://rundfunk.evangelisch.de/kirche-im-radio/feiertag/sag-mir-wo-die-kinder-sind-11467

o. V.: Transport 17.05.1943 Berlin-Moabit, http://www.tenhumbergreinhard.de/transportliste-der-deportierten/transportliste-der-deportierten-1943/transport-17051943-berlin-moabit.html

Pauluhn, I.: Zur Geschichte der Juden auf Norderney. Von der Akzeptanz zur Desintegration. Mit zahlreichen Bildern, Dokumenten und historischen Materialien, Oldenburg 2003

Pauluhn, I.: Jüdische Migrantinnen und Migranten im Seebad Norderney 1893-1938. Unter besonderer Berücksichtigung des Kinder-Erholungsheimes U.O.B.B. Zion-Loge XV. No. 360 Hannover und jüdischer Geschäftsbetriebe, Hamburg 2011

Rösch, B.: Jüdische Geschichte und Kultur in Brandenburg. Lehrerhandreichung für Grundschulen, Potsdam 2009

Schroedter, T.: Antiautoritäre Pädagogik. Zur Geschichte und Wiederaneignung eines verfemten Begriffes, Stuttgart 2007

Siebold, F.: Heinz Bonnem; https://www.stolpersteine-berlin.de/de/biografie/2495

Sigmund, A. M.: Die Frauen der Nazis, Wien 1998

Tugend, T.: Remembering my father, in: aktuell. Informationen aus und über Berlin 2006/Nr. 78, S. 36-37

Schachne, L.: Erziehung zum geistigen Widerstand. Das jüdische Landschulheim Herrlingen 1933-1939, Frankfurt/Main 1986

Salewsky, A.: „Der olle Hitler soll sterben!“ Erinnerungen an den jüdischen Kindertransport nach England, München 2001

Steinitz, R./Scheer, R.: Zerstörte Kindheit und Jugend. Mein Leben und Überleben in Berlin, Berlin 2019

Stauss, L.: Steven Strauss Reflects, in: Victorian Bar News 1995/Nr. 93, S. 54-58

Tielke, M.: Judeninsel Norderney, in: Reyer, H./Tielke, M. (Hrsg.): FRISIA JUDAIC. Beiträge zur Geschichte der Juden in Ostfriesland, Aurich 1988, S. 189-213

Traxler, I.: Ein vergessenes jüdisches Landschulheim, in: Erziehung und Wissenschaft 1995/H. 11, S. 27-28

Walk, J.: Jüdische Schule und Erziehung im Dritten Reich, Frankfurt/Main 1991

Weißer, E.: Deutsche Reformpädagogik an jüdischen Schulen bis 1939, in: Neue Sammlung 1998, S. 281-296

Anhang

Dokument 1: Brief von Steven Strauss an Manfred Berger

S & B Strauss
3B Egerton Street
Southport Qld. 4215 Australia
Telephone: ~~875 • 91 8353~~
(07) 55918 [illegible]

Sehr geehrter Herr Berger,

eine Schulfreundin von meiner Jugend in Berlin, die jetzt auch in Australien lebt, hat mir Ihre Abschrift über das Landschulheim Caputh geschickt. Meine Name ist Steven Strauss, aber es war Siegfried Strauss bis ich ihn in 1945, als ich in der Australischen Armee war, geändert habe.

Ich war ein Schüler in Caputh von Ostern 1933 bis Ostern 1936. Dann zog ich nach Berlin, weil die Ausbildung in Caputh nicht weiter ging. Ich habe noch einige Bilder von Caputh – die Kopien die ich Ihnen schicke, können Sie behalten.

Die meisten Bilder sind von einer Aufführung eines Schauspiel, dessen Namen ich nicht ganz sicher bin – es könnte "Saul und David" oder "David und Goliath" sein. Das war

2) in 1935. Ich habe David gespielt. Der Junge der Goliath [illegible] spielt war Steffen Dienes. Er ist umgekommen als das Schiff auf dem er nach Canada deportiert wurde von England, von einem Deutschen U Boot gesunken wurde.

2 andere Bilder sind von einer Vorführung vom Mittsommernachtstraum, wo ich Puck spielte. (1934)

Das Bild von 11 Jungen und einem Lehrer is von "Fussballern". Die Namen sind dahinter. Das Bild wurde aufgenommen im Garten einer der Häuser welches die Schule gemietet hat von einer jüdischen Familie, die im Ausland gezogen war.

Ein Bild ist eine Aufnahme der Morgenmusik, welche Schüler im Speisesaal spielten.

So dass Sie wissen wer ich bin, schliesse ich einen Auszug von der Victorian Bar News ein, in welchem eine meiner Abschiedsreden,

3

die ich machte wenn ich von meinem Beruf ist zurückgetreten bin, gedruckt ist. Ich hoffe dass Sie verstehen was ich da sagte – ich sprach von Caputh und von meiner kleinen Rolle betreffend Einsteins Besuch [illegible] etc.

Die Sprachen die gelehrt wurden als ich in Caputh war, waren Französisch, Englisch und Hebräisch. Wie Sie sehen können, ich verliess Caputh Ostern 1936, unterbrach meine Schulung von Ostern 1936 bis Ostern 1937 und habe dann, nach 2 Jahren in der Oberrealschule der Jüdischen Gemeinde zu Berlin, mein Abitur Ostern 1939 gemacht. Die Schule war in der Wilsnackerstrasse in Moabit. Diese Schule wurde nicht vernichtet oder beschädigt in November 1938.

Ich weiss dass meine Handschrift schrecklich ist – ich hoffe dass Sie es lesen können – leider kann ich nicht Deutsch auf der Maschine schreiben ohne sehr grosse Schwierigkeiten.

(4) Falls Sie noch weitere Information haben wollen über Caputh und ich Ihnen die geben kann, tue ich das gerne.

Die Ausgabe des "Aktuell" hat mich sehr interessiert und ich versuche jetzt zukünftige Ausgaben davon zu erhalten.

Es grüsst Sie

Steven Strauss

(Quelle: Ida-Seele-Archiv)

Dokument 2: Übersetzung aus Victorian Bar News

Nach einigen Wochen auf einer jüdischen Schule in Berlin wurde ich in ein jüdisches Internat in das Dorf Caputh geschickt. Das war in der Nähe von Potsdam, nicht weit weg von Berlin. Caputh war am Ufer der Havel, die in diesem Gebiet aus einer Reihe von Seen besteht. Einige der Berühmten und Reichen hatten in Caputh ihre Sommerresidenz. Albert Einstein hatte sein Sommerhaus auf der übernächsten Parzelle neben der Schule. Der Name der Schule hieß englisch übersetzt „Country Bording School Caputh“ (Landinternat–Schule Caputh; M. B.).

Als Hitler an die Macht kam, war Einstein im Ausland. Wie mir erzählt wurde, war Einstein von Freunden gewarnt worden, nicht nach Deutschland zurück zu kehren. Die Schule benötigte zusätzliche Unterkünfte für Schüler wie mich, die besser von zu Hause weg waren, und so mietete die Schule Einsteins Haus als zusätzlichen Platz. Ich war oft in diesem Haus. Einsteins Besucherbuch war dort, seine Korrespondenz und andere Habseligkeiten, die er normal in seinem Haus aufbewahrte. Es war, als wäre er über Nacht gegangen. Ich erinnere mich nicht mehr an all die Namen in seinem Besucherbuch, aber einer von ihnen war Mahatma Ghandi.

Die Schule mietete Einsteins Haus bis zum 9. November 1938. Am 9. November 1938 ereignete sich, was später als Reichskristallnacht bekannt wurde. Das war die Nacht, in der jüdische Synagogen abgebrannt wurden, inklusive derer, in der ich Barmizvah wurde, und in der tausende Juden in Konzentrationslager gebracht wurden. Einsteins Haus wurde dann konfisziert und die Schule musste es verlassen. Ich war dann nicht mehr länger Schüler dort, war aber in einer Schule in Berlin. Ich bin mit den Lehrern in Caputh in Kontakt geblieben. Einer von diesen Lehrern nahm Kontakt zu mir auf und bat mich, Einsteins Besucherbuch und seine private Korrespondenz zum französischen Kulturattaché in Berlin zu bringen. Ich tat es. Diese Episode sah etwas nach einer Nacht- und Nebelaktion aus. Die Unterlagen waren in einen großen Umschlag gepackt, auf dem in englischer Sprache stand: „A stone of wisdom“. Die Übersetzung des englischen Wortes „a stone“ heißt auf Deutsch „Ein Stein“.

Ich verbrachte drei glückliche Jahre in Caputh. Wir waren wohl behütet und hatten wenig Kontakt mit der allgemeinen Bevölkerung.

(Übersetzung: Manuel Berger)

Dokument 3: Brief von Louis Meling an Manfred Berger

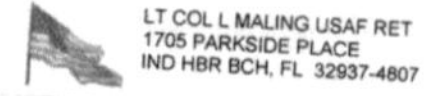

7/26/2000

Sehr geehrter Herr Berger:

Vielen Dank für den Artikel über das Jüd. Landschulheim Caputh in Berlin-Aktuell.

Mein Bruder (geb. 1929) und ich (geb. 1925) waren ca. 1933 in Caputh. Unsere Mutter starb 1930, und unser Vater war wegen politischen Gründen mehr wie ein Jahr verhaftet.

Im Heim war Ziegenpeter ausgebrochen, und wir beide sind davon erkrankt. Wir wussten nichts von der NAZI-Regierung. Aber in einer Nacht, umzingelte eine Masse Menschen das Heim. Sie sangen das Lied "Wenn das Judenblut vom Messer spritzt, dann wird es besser sein." mit lauten Tönen. Wir bekamen Angst zum ersten Mal, aber die Menge Leute kamen nicht in das Gebiet des Landschulheims. Weiter habe ich keine Erinnerungen von Caputh.

Wir verliessen das Heim 1934, und ich emigrierte 1937 nach Chicago.

Mit freundlichen Grüssen!

Louis K. Meling (früher Ludwig Klimowski)

P.S. Mein Bruder Kurt Maling (Werner Klimowski) wohnt in Las Cruces, New Mexico.

Quelle: Ida-Seele-Archiv

Dokument 4: Brief von Schulamith Khalef an Manfred Berger

Rehovoth 18.VII.2000

Sehr geehrter Herr M. Berger

Vor ein paar Minuten habe ich den Artikel über Gertrud Feiertag gelesen. Ich gebe zu, dass ich noch am ganzen Körper zittere nach so vielen Jahren, ihr Bild und den Artikel „Oase in der Wüste" in Actuell 65/2000 zu sehen und lesen. Ich war wohl der letzte ihr bekannte Mensch der sich von ihr verabschiedete vor ihrem Tod, Jom Kippur 1943. Ich habe leider keine Schulhefte, Bilder u.s.w von ihr, aber eine sehr warme Erinnerung: Ich war so wie viele andere ~~in~~ bis zur Kristallnacht in Caputh. Ich bin im Juni 1928 geboren. Nach Caputh war ich wieder in Berlin und nach ein paar Monaten von Anfang 1939 im Kinderheim Fehrbelliner Str. 92. Als meine Mutter August 1939 nach England ging, und mich in Berlin ließ ernannte sie Tante Trude als meinen „Vormund". Sie arbeitete in der jüdischen Gemeinde in Berlin und so erfuhr sie im Sommer 1942 dass man das ganze Kinderheim ins Lager schickt (wahrscheinlich nach Riga), und da holte sie mich raus und zu ihr in die Wohnung. So hat sie mir natürlich das Leben gerettet. Ich habe bis zu meiner Deportation nach Auschwitz am ~~20~~ 19-20 April 1943 mit ihr zusammen gewohnt und war den ganzen Tag mit ihr in der Gemeinde. ~~Damit~~ Um mein Dasein zu rechtfertigen

habe ich die Deportationsbriefe verteilt. Auf diese Weise konnte ich in Berlin bei ihr bleiben.
Im April 1943 hat man alle „Hachscharot" (inzwischen eigentlich mehr Arbeitslager) nach Berlin ins Sammellager in unsere Schule grosse Hamburger Str. gebracht um alle ins Lager schicken. Da wir schon wussten, dass im Mai 1943 der letzte offizielle Transport aus Berlin geht, diese nach „Teresienstadt" habe ich darum gebeten mich mit den jüngeren Menschen im April zu deportieren.
Tante Tinde und alle anderen aus der jüd. Gemeinde, Kulturbund, Krankenhaus u.s.w. sind dann einen Monat später Teresienstadt deportiert worden. Das hat sie mir dann in Auschwitz erzählt ~~before~~ bevor man sie in der Selection in die Gaskammer geschickt hat.
Ich war im Orchester in Birkenau und so am Leben geblieben. 1½ Jahre in Birkenau und ½ Jahr in Bergen Belsen wo wir am 15. IV. 43 befreit wurden.
Seit 1946 lebe ich in Israel. Mein Name ist heute Schulamith Khalef früher Sylvia Wagenberg

viele Grüsse
S. Khalef

meine Adresse: Schulamith Khalef
~~Rehovot~~ Derech Javne 20 Rehovot 76343 Israel
Fax: 08-9316546 e-mail: khalef@agri.huji.ac.il
Tel 08-9463542

ps. Ich schicke den Brief per Fax und hoffe, dass er lesbar sein wird. Wenn nicht kann ich ihn immer noch per Post schicken.

Quelle: Ida-Seele-Archiv

Dokument 5: Brief vom Museum Auschwitz-Birkenau an Manfred Berger

PAŃSTWOWE MUZEUM OŚWIĘCIM BRZEZINKA

32-603 Oświęcim 5
TEL. (0-33) 432-022
(0-33) 432-077
TELEX 35198 PEEMO
FAX (0-33) 431-934

Oświęcim-Brzezinka, 22 grudnia 1998

L.dz.IV-8521/3496/15038/98

Pan Manfred Berger
c/o" Ida Seele Archiv"
Mittelfeld 36
89407 Dillingen
Deutschland

Potwierdzając odbiór zgłoszenia z 10.11. 1998 w sprawie wystawienia zaświadczenia stwierdzającego pobyt w byłym obozie koncentracyjnym w KL Auschwitz, Państwowe Muzeum w Oświęcimiu informuje, że w częściowo zachowanych aktach obozowych nazwisko:

Gertrud Feiertag- nie figuruje.

Muzeum wyjaśnia, że podczas ewakuacji i likwidacji KL Auschwitz, na polecenie władz obozowych SS zostały zniszczone prawie wszystkie ważniejsze akta, w tym także akta personalne więźniów.

W dalszych poszukiwaniach Muzeum radzi zwrócić się do:
Internationaler Suchdienst
Grosse Allee 5-9
D-34444 Arolsen
Deutschland

DYREKTOR

mgr Jerzy Wróblewski

KL/EB

Quelle: Ida-Seele-Archiv

Dokument 6: Briefe von Erholungskindern an ihre Eltern

Liebe Eltern!

Wie geht es Euch? Hir ist es sehr schön und mir geht es gut. Am Donnerstag Abend wurde Kasperle im Pfefferland aufgeführt es war sehr schön. In der Werkstatt habe ich schon viele schön Sachen gemacht. Ich habe zum geburtstag von einer Tante etwa sehr Schönes gemacht. Es sieht so aus: Ich habe es hier sehr schlecht abgebild es war ein Mädchen auf einer Schnecke das hatte ein Schmetterlingsnetz in der hand und wollte eine Schmetterling der auf einer Blu saß fangen. Wie geht es Gertru und Gelene? grüße Alle

Viele grüße Eli.

Liebe Eltern

Am Donnerstag waren wir auf dem Leuchttu Dahin geht mann ungefähr anderthalb Stunden. Wir kamen gegen 12 Uhr an und suchten uns einen Platz in den Dünen um Mittagbrot zu essen denn man darf erst von 3 Uhr an auf den Leuchtturm. Dann spielten wir allerhand Spiele und um 3 Uhr gingen wir auf den Leuchtturm. Von oben hatte man eine fabelhafte Aussicht. Man sah die ganze Insel und die anderen Inseln wie Juist, Baltrum u. s. w. Norderney selbs sah ungefähr so aus. Als wir von Leuchtturm runter kamen musten wir schon nach Hause.

Juist.

Liebe Eltern!

Wie geht es Euch? Mir geht es hir sehr gut. Raja weinte, am ersten Aabend und am ersten Morgen etwas, aber jetzt gefällt es ihr schon und sie weint nicht mehr. Am Sonnabend Abend war eine Aufführung fon Schneewittchen. Ein kleinen Junge sagte zu mir: „Ich schmeiße mein Buch weg in dem diese Geschichte steht.“ So gut spielte Schneewittchen ihre Rolle wenn sie tot war. Ich soll Euch von einem Herren Zwim grüßen. Vater wird ihn sicher kennen. Am Strand bauen wir immer wenn die Flut komt burgen und sehen dann zu wie sie von der Flut zerstört werden. Rajas innere Drüsen befinden sich sehr wohl. Wir haben am Sonnabend Vormittag Völkerball gespielt. Grüße Tante Elsa, Anni, Trotzky, Onkel Herman, Felise, Josef, Großmutter, Gertrud und Gelene.

Viele Grüße Eli

NORDERNEY, den .... 193..
Beneckestr. 44. Fernspr. 302
Postscheck-Konto: Kasse der Zion-Loge für kur- und pflegebedürftige Kinder Hannover Nr. 6984

Liebe Eltern

gestern am Sonntag war ein großes Kinderfest und zwar sollte es ein internationales Völkerfest sein da war jede Gruppe ein anderes Volk sein. Wir waren italienische Straßenjungens, die kleinen Jungen waren Indianer eine Gruppe waren Chalutzim. Die kleinen Mädchen machten eine holländische Kakaostube eine Gruppe machte eine Englische [illegible] eine waren Araber.

Fortsetzung folgt

Viele Grüße
Ernst Gideon.

wie mir Rajas Geburtstag[illegible] nicht gefallen hat weiß ich nicht den Eli hat den Brief bevor ich ihn las verbrommelt

Quelle: Ida-Seele-Archiv

Dokument 7: Brief von Landschulheimkind Eli an ihre Eltern

15.7.32.

Liebe Eltern!

Ich habe keinen Durchfall mehr. Morgen bade ich sicher schon mit den Andern im Schwilosee. Jetzt ist grade Mittagsruhe. Wie geht es Euch und Tante Elsa? Ich habe noch mein ganzes Taschengeld. Wir duschen immer vor dem Abendbrot. Bei Stahls wohnt noch eine Frau deren Schäferhund hat Junge bekommen, sie brachte einen hinauf (ich lag im Bett und wußte nichts) und legte es in mein Bett, da leckte es über meine Nase vorige Nacht hat es wieder [illegible]. Meine Taschenlampe ist mir sehr nützlich. Tante Trude [illegible] mir „Die schönsten Erzählungen der Lagerlöf" geborgt am 13ten haben wir beschlossen Dampfer zu fahren. Am Nachmittag gingen wir zur Dampferstation, wir wollten nach Werder fahren, [illegible] Baumgartenbrücke stiegen wir um nach Werder. Es war ein ganz kleiner Dampfer wir wahren alleine drauf wir haben uns vorne hin gesetzt, und ein par haben gesungen, dann haben wir den Kapitän, den Steuermann und den Heizer auf auch zu singen. Wir schenkten ihnen Ziggaretten damit sie sich die „Gurgel schmieren" konnten [illegible]

wir Krause und fuhren zurück, wir kamen eine ganze Stunde zu spät ins Heim. Gestern nach dem Abendbrot war Musik Abend, es ging aber nicht gleich los da fuhren wir an Lieder gegen das Schulhaus. Die Schulhäusler gossen Wasser zum Fenster hinaus und wir stellten Stühle vor ihre Tür, da kam Tante Trude runter und schickte uns alle ins Bett. Caplan-Cogans waren gestern in Berlin sie brachten sich ein Buch mit und Hanke in der Mittagsruhe wollten es beide lesen. Dann haben sie sich rumgehauen. Jetzt haben wir beschlossen eine Zeitung heraus zu geben sie erscheint Sonntag in 8 Tagen. Ich bin mit in der Redaktion. Schreibt und [illegible] [illegible]

Grüßt Helene und alle die ich kenne!!

Viele [illegible]

Grüße

Eli

Quelle: Ida-Seele-Archiv

Dokument 8: Schulprospekt Jüdisches Landschulheim Caputh

JÜDISCHES
LANDSCHULHEIM CAPUTH

CAPUTH-POTSDAM

POTSDAMER STRASSE 18

FERNRUF: CAPUTH 361

LEITUNG: GERTRUD FEIERTAG
DR. F. FRIEDMANN

Das Jüdische Landschulheim Caputh betreut etwa hundert Kinder im Alter von 4 bis 16 Jahren.

Unterbringung und Aufenthalt

H u n d e r t j ü d i s c h e K i n d e r haben hier ein wohnliches Heim, eine gute Schule, ein gesundes Leben in ländlicher, gepflegter Umgebung. In Altersgruppen gegliedert, bewohnen die Kinder f ü n f H ä u s e r, die jeweils Schlaf- und Wohnräume, daneben auch Wasch-, Bade- und Spielzimmer enthalten. Jedes Haus verfügt außerdem über eine Teeküche. Der Unterricht findet in einem eigenen Schulhause und den dafür bestimmten Räumen des Haupthauses statt. Ein gesondert gelegenes Isolierhaus, das unter der ständigen Aufsicht einer Ärztin steht, nimmt akut erkrankte Kinder auf.

Das Haupthaus des Landschulheims liegt am Eingang des Dorfes Caputh (bei Potsdam) auf einer Anhöhe am Walde. Die anderen Häuser grenzen mit ihren Gärten an die Havel und haben somit ihren eigenen Badestrand. Der dem Heim zur Verfügung stehende S p o r t p l a t z liegt im Walde, unmittelbar beim Haupthaus.

Lehrplan

Auf den vier Grundschulklassen der Schule bauen sich die sechs weiteren Klassen der Mittelstufe auf und schließen mit der vollendeten U n t e r s e k u n d a b i l d u n g ab. Der Lehrplan ist — bei besonderer Berücksichtigung der jüdischen Gebiete — dem Lehrplan öffentlicher Mittelschulen angeglichen. H e b r ä i s c h wird vom ersten Schuljahr an gelehrt. Seit Ostern 1934 haben die Kinder der Sexta (5. Schuljahr) mit E n g l i s c h begonnen, die der Untertertia (8. Schuljahr) mit F r a n z ö s i s c h. Kinder mit andersartiger Vorbildung werden in Sonderkursen gruppenweise weiter unterrichtet.

Praktische Arbeit u. Sport

Werk-, Garten- und Hausarbeit sowie Sport sind dem Tagesplan als Pflichtfächer eingefügt. Dadurch wird den Kindern Gelegenheit gegeben, sich auch manuell und körperlich zu betätigen und sich so G r u n d l a g e n f ü r h a n d w e r k l i c h e A r b e i t anzueignen.

Ergänzungsfächer

Fächer, wie Musik, Zeichnen und Gymnastik, werden sowohl im Rahmen des festen Stundenplanes als auch in erweitertem Umfange, den Begabungen der Kinder entsprechend, in Einzelstunden unterrichtet.

Lehrgänge für Schulentlassene

Für schulentlassene Mädchen sind Lehrgänge eingerichtet, die eine praktische und theoretische Ausbildung in H a u s w i r t s c h a f t und Gartenbau, K i n d e r p f l e g e und Erziehungsarbeit vermitteln; außerdem können die Haushalt-Schülerinnen an Kursen in Fremdsprachen, jüdischer Geschichte, Deutsch, Erziehungslehre, Sport, Musik und Handfertigkeit teilnehmen.

Kindergarten

Die Jüngsten, die vier- bis sechsjährigen Kinder, leben in einer kleinen, vom übrigen Schul- und Heimbetrieb gesonderten Gruppe, die kindergartenmäßig geleitet ist.

Die jüdische Grundhaltung

Die Arbeit im Jüdischen Landschulheim Caputh wird von einer bewußt jüdischen Haltung getragen, ohne sich dabei an die Tendenz einer bestimmten Richtung oder Gruppe im Judentum Deutschlands zu binden.

Aufnahmebedingungen

Aufgenommen werden Knaben und Mädchen im Alter von 4 bis 16 Jahren und schulentlassene Mädchen, die körperlich und geistig gesund sind. Beim Eintritt in das Heim sind einzureichen:

Geburtsurkunde, Impfschein, das letzte Schulzeugnis, polizeiliche Abmeldung; ferner eine ärztliche Gesundheits-Bescheinigung, aus der auch hervorgeht, daß das Kind zur Zeit des Eintritts keinerlei Symptome einer ansteckenden Krankheit aufweist, und daß in seiner Umgebung ansteckende Krankheiten während der letzten sechs Wochen nicht aufgetreten sind.

Ferien

Während der Ferien bleibt das Heim geöffnet, mit Ausnahme der Osterferien. Für die Ferienzeiten, die außerhalb des Heimes verbracht werden, können Abzüge vom Pensions- und Schulgeld nicht gewährt werden.

Kostensätze

Die Kostensätze für Pensions- und Schulgeld werden nach den wirtschaftlichen Verhältnissen der Eltern in folgender Weise gestaffelt:

1. Monatsbetrag für Pension RM 125,—, Schulgeld RM 25,—, insgesamt RM 150,—;
2. „ „ „ RM 110,—, Schulgeld RM 20,—, insgesamt RM 130,—;
3. „ „ „ RM 90,—, Schulgeld RM 20,—, insgesamt RM 110,—.

Der unter 3. aufgeführte Satz kann nur mit Einwilligung des Kuratoriums gewährt werden; einem Gesuch um Preisermäßigung sind Unterlagen beizufügen, aus denen die Notwendigkeit für die Gewährung des ermäßigten Satzes hervorgeht.

Kündigungsfrist

Die Kündigung muß ¼ Jahr vor dem 31. März bzw. dem 30. September durch Einschreibebrief erfolgen.

P R E S S E S T I M M E N

Die Arbeit des Landschulheims Caputh ist wiederholt in der jüdischen Presse dargestellt und beurteilt worden.

Die Bemühungen auf kulturellem Gebiet schildert die JÜDISCHE RUNDSCHAU u. a. in einem Bericht, in dem es heißt:

Im Mittelpunkt der Erziehungs- und Unterrichtsarbeit steht die Erziehung zum Jüdischen, das alle Fächer zu durchsetzen vermag. Naturgemäß wird besondere Aufmerksamkeit den eigentlich jüdischen Gegenständen gewidmet: der jüdischen Geschichte, die in Verbindung mit der allgemeinen Weltgeschichte gelehrt wird, dem Hebräischen, dem vier Wochenstunden gewidmet sind, der Palästinakunde, die in Verbindung mit allgemeiner Geographie steht, und der jüdischen Gegenwartskunde, der besonders der regelmäßige Oneg Schabbat gewidmet ist. Die allgemeinen Fächer enthalten als Fremdsprachen Englisch und Französisch.

Ein Kernstück zu der kulturellen Erziehung ist die Beschäftigung mit der Musik. Die JÜDISCHE RUNDSCHAU schreibt:

Neben der Methode des Unterrichts steht gerade in diesem Landschulheim auch ein erhebliches Maß an musischer Erziehung, die in den schon oft anerkannten Aufführungen der Kinder zum Ausdruck kam. Wir denken an die Aufführungen biblischer Stoffe sowie des „Sommernachtstraums".

Die Methodik des Unterrichts veranschaulicht ein Bericht im GEMEINDEBLATT DER JÜDISCHEN GEMEINDE BERLIN:

Der große Vorzug all dieser Lektionen lag vor allem in den erfreulich kleinen Klassen, die bei einer durchschnittlichen Besetzung von 9 bis 15 Kindern ein ganz anderes Durchdringen des Stoffes als die großen Klassen in den Stadtschulen ermöglichen.

Man wollte uns keine Bravourstücke oder Spezialthemen zeigen, sondern vielmehr einen bezeichnenden Ausschnitt aus der kontinuierlichen Folge des alltäglichen Unterrichts geben.

Die Nähe zwischen Lehrenden und Lernenden mit der Natur hebt ein Bericht der C-V-ZEITUNG hervor:

Durch das ständige Verbundensein einmal mit der Natur und außerdem mit den Lehrenden gewinnt der Schulunterricht das Gepräge einer wissenschaftlichen Unterhaltung, an der sich Lehrer und Schüler mit größtem Interesse angeregt beteiligen. Diese Kinder lernen nie die Beklemmungen vor dem unnahbaren Katheder, nie das Drückende der nüchternen Bankreihen kennen, in kleinen Gruppen sitzen sie in freundlichen Zimmern rund um ihren Lehrer und tragen, zum mindesten was die Lebendigkeit betrifft, zum Unterricht kaum weniger bei als er.

Der Unterricht in den Fachgruppen dient der Vorbereitung für das praktische Leben:

C-V-ZEITUNG: Jedes Kind muß mindestens an einer dieser Gruppen, wie Hausarbeit, Gärtnerei, Tischlerei, Pappen- und Buchbinderei und Musik, teilnehmen.

Quelle: Ida-Seele-Archiv

Dokument 9: Bebilderter Schulprospekt Jüdisches Landschulheim Caputh

Arbeit
– in der Schule

– in der
Werkstatt
– im Haus
– im Garten

Sport und Gymnastik

Die Kinder treiben täglich Sport auf dem Sportplatz im Wald. Sie nehmen an den Jugendwettkämpfen der Berliner jüdischen Schulen und der Bünde teil.

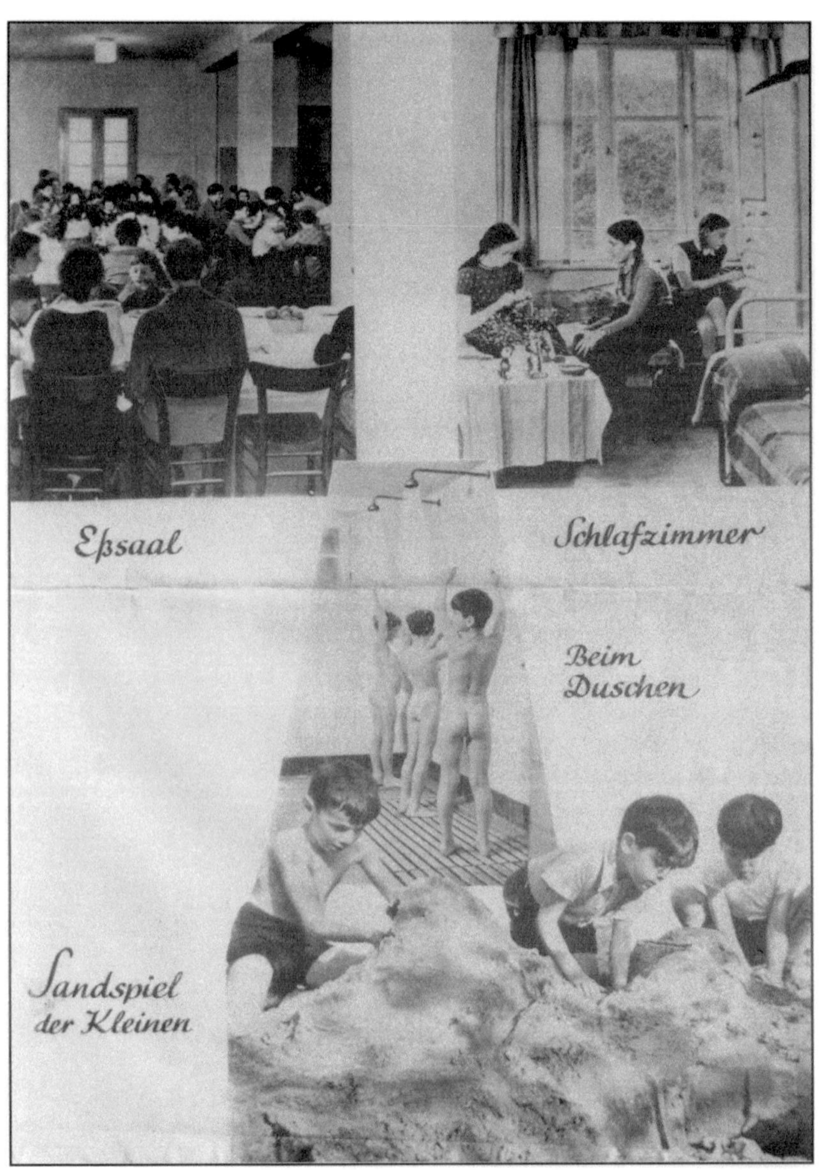
Eßsaal
Schlafzimmer
Beim Duschen
Sandspiel der Kleinen

Musik
Programm für Abendmusik
1. Lieder und Kanons zum Lobe der Musik
„Himmel und Erde“
„Der hat vergeben“
„Viva la musica“
„Auf, ihr Brüder“
2. Mozart: Menuett in D-Dur
für Violine und Klavier
3. Haydn: Kindersymphonie
Programm für Morgenmusik
Mo.: Schubert: Sonatine G-Moll
für Violine und Klavier
Di.: Orgel-Präludium von Bach in A-Moll
Mi.: Blockflötenspiel: Kanons von Praetorius und Haßler
Do.: Klavier-Sonate A-Dur von Mozart
1. Satz (Variationen)
Fr.: Kanon

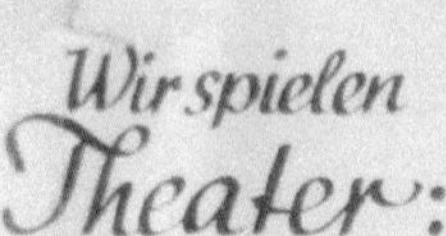

Ein
Sommernachtstraum

Die Schäferscene aus
dem Wintermärchen

Der Kalif Storch

Das kalte Herz

Der Kaiser und die
Nachtigall

Joseph
und seine Brüder

Schaul und David

Wir bauen eine Stadt

Hans-Sachs-Spiele

Quelle: Ida-Seele-Archiv

Dokument 10: Brief von Ann Millhauser an Manfred Berger

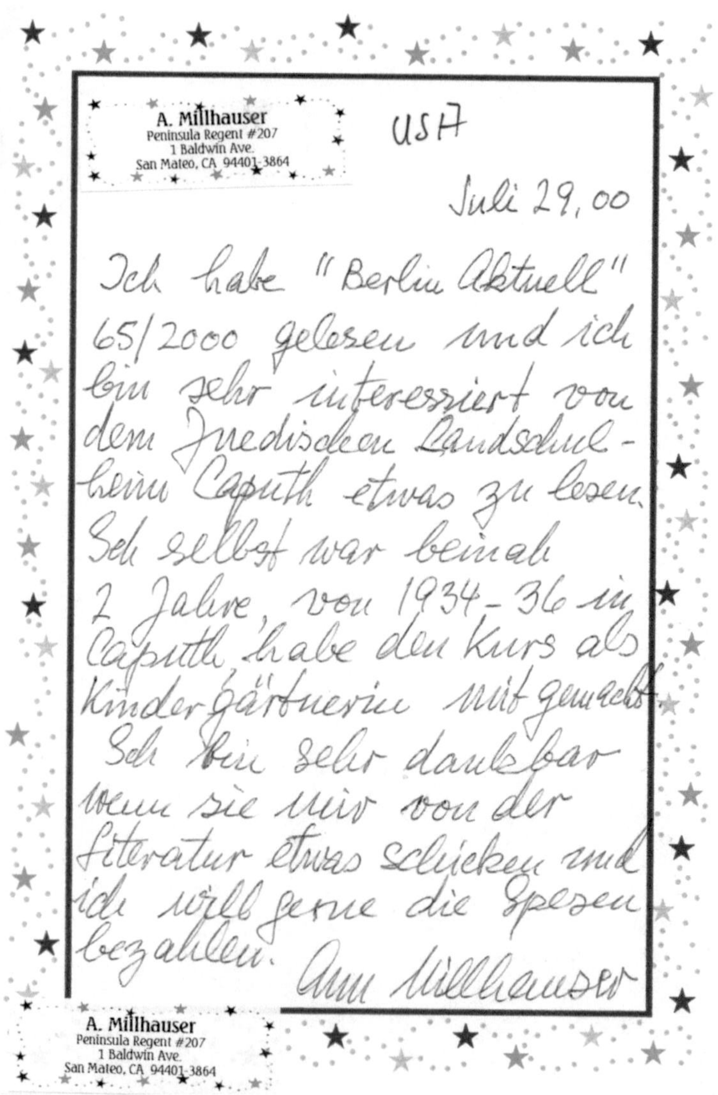

A. Millhauser
Peninsula Regent #207
1 Baldwin Ave.
San Mateo, CA 94401-3864

USH

Juli 29, 00

Ich habe "Berlin Aktuell" 65/2000 gelesen und ich bin sehr interessiert von dem Juedischen Landschulheim Caputh etwas zu lesen. Ich selbst war beinah 2 Jahre, von 1934–36 in Caputh, habe den Kurs als Kindergärtnerin mitgemacht. Ich bin sehr dankbar wenn sie mir von der Literatur etwas schicken und ich will gerne die Spesen bezahlen.

Ann Millhauser

A. Millhauser
Peninsula Regent #207
1 Baldwin Ave.
San Mateo, CA 94401-3864

Quelle: Ida-seele-Archiv

Dokument 11: Zeugnis für Miriam Panofsky

JÜDISCHES LANDSCHULHEIM CAPUTH

Fernsprecher: Amt Caputh 361
Postscheck-Konto: Berlin 112820
Bank-Kt.: Potsdamer Creditbank

CAPUTH, den 28.September 1938
über Potsdam 2 — Potsdamer Straße 18

Z e u g n i s

Fräulein Miriam P a n o f s k y ist vom 1. August 1937 bis zum 31. August 1938 als Hausgehilfin bei uns gewesen, nachdem sie vom 7. April 1937 ab als Haushaltsschülerin bei uns war.

Miriam Panofsky hat außerordentlich gute Fähigkeiten für hauswirtschaftliche Arbeit. Sie besitzt eine für ihr Alter ungewöhnliche Umsicht, Hingabe an die Arbeit und absolute Zuverlässigkeit. Sie hat bei uns in den verschiedenen Abteilungen des Hauses gearbeitet, in der Küche, im Eßsaal, als Vertretung der Gruppenleiterin bei Kindern, in der Wäscherei und in der Krankenpflege. Überall hat sie in ihrer ruhigen, selbstverständlichen, sinnvollen und zweckhaften Weise ihre Pflicht erfüllt und über die ihr zugewiesenen Arbeiten hinaus sich auch von selbst dort eingestellt, wo durch unvorhergesehene Umstände eine Lücke entstanden war. Sie hat zum Schluß ihrer Tätigkeit ihre Arbeiten völlig selbständig ausgeführt und auch zeitweise Hauswirtschaftsschülerinnen angeleitet. Neben der praktischen Arbeit hat Fräulein Panofsky auch mit großem Verständnis und erfolgreich an Fortbildungskursen teilgenommen, speziell in Englisch, Erziehungslehre und Hebräisch.

Fräulein Panofsky gibt ihre Arbeit bei uns auf, weil sie sich noch anderweitig ausbilden will. Wir wünschen ihr für ihre Zukunft das allerbeste.

Jüdisches Landschulheim Caputh bei Potsdam

gez. Feiertag

Quelle: Ida-Seele-Archiv

Dokument 12: Anzeige von Gertrud Feiertag

LANDSCHUL- UND KINDERHEIM CAPUTH

Postscheck-Konto: Berlin 112920
Fernsprecher: Amt Caputh 361

CAPUTH, den 21.Februar 1935
Potsdamer Straße 18

An den
Herrn Amtsvorsteher zu Caputh,
C a p u t h

Anzeige des Landschul- und Kinderheims Caputh.

Am 18.Februar mussten wir Ihnen bereits mitteilen, dass am Nachmittag des Sonntag, den 17.2. gegen 5 Uhr eine grosse Scheibe des von uns mietweise benutzten Hauses Caputh Waldstr.7/8 durch Steinwürfe mutwillig zertrümmert worden ist. Wir haben Ihnen mutmassliche Täter genannt.

Montag, am 19.ds.Mts., etwa 9 1/2 Uhr abends wurden auf unserem eigenen Grundstück Potsdamerstr.18 wiederum von unbekannten Tätern Steine gegen die Hausfenster von der Waldseite her geworfen. Fast gleichzeitig waren eine Anzahl von etwa 5 Würfen hörbar, von denen etwa drei gegen die nach der Waldseite gelegenen grossen Fenster des Erdgeschosses und zwei gegen Fenster einer Stube des ersten Stockwerkes gerichtet waren. Im Erdgeschoss wurden zwei grosse Fensterscheiben zerschlagen, ein Stein flog durch ein offenes Fenster in den Speisesaal; ausserdem wurde von den im Esssaal befindlichen Erwachsenen das Anprallen von Würfen gegen die heruntergelassene Jalousie vor dem Mittelfenster gehört.

Im ersten Stockwerk wurde ein Zimmerfenster von 2 Steinen durchschlagen, von denen sich einer auf dem Fussboden der Veranda und der andere (ein Stein von Faustgrösse) im Bett eines dreijährigen Kindes fand. Splitter der Fensterscheibe sind am nächsten Morgen in den Betten der Kinder gefunden worden. Es wurden im ganzen 4 Steine in den Räumen gefunden, die ungefähr die Grösse einer Faust hatten.

Nur durch Zufall sind weder die im Esssaal befindlichen Erwachsenen noch die im oberen Stockwerk schlafenden Kinder verletzt worden.

Die Steinwürfe rühren von einer Schar von Tätern her, die sich im Walde verborgen hielten und sofort nach der Tat flüchteten, so dass sie nicht gesehen wurden. Man hörte zweimal eine Art Kommandoruf und vernahm von einem oberen Stockwerk des Hauses die Schritte von etwa 5 - 6 Personen.

(2)

LANDSCHUL- UND KINDERHEIM CAPUTH

Postscheck-Konto: Berlin 112820

Fernsprecher: Amt Caputh 361

CAPUTH, den 21.Februar 1935
Potsdamer Straße 18

- 2 -

Nach der Art des Vorfalles handelt es sich unzweifelhaft um ein verabredetes Vorgehen aus unbekannten Motiven gegen das jüdische Landschul- und Kinderheim. Die Täter können nicht Kinder, sondern müssen erwachsenere Menschen gewesen sein, die imstande waren mit den schweren Steinen so wohlgezielte Würfe auszuführen. Auch die Wiederholung des Vorfalls spricht dafür, dass eine planmässige Ver - abredung zugrunde liegt. Wir müssen daran erinnern, dass ein ähnlicher Überfall schon Ende Mai 1934 sich ereignet hat und damals polizeilich festgestellt worden ist.

Bei der Lebensgefahr, in die durch derartige Missetaten die uns anvertrauten Kinder versetzt werden, können wir es nicht unterlassen, den dringenden Wunsch auszusprechen, dass diesen Vorgängen mit aller gebotenen Schärfe nachgegangen wird und dass vor allem diejenigen Schutzmassnahmen getroffen werden, die jetzt unmittelbar notwendig sind, um weiter solche Überfälle zu verhüten.

Weil ich, die Unterzeichnete, die Verantwortung für das Wohl der mir von den Angehörigen anvertrauten Kinder nur dann tragen kann, wenn ihr Leben und ihre Gesundheit hier im Ort völlig sicher sind, muss ich darauf dringen, dass die erbetenen Schutzmassnahmen unverzüglich getroffen werden.

Landschul- und Kinderheim Caputh

G. Feiertag.

Quelle: Brandenburgisches Staatsarchiv, Pr. Br. Rep. 2A, Potsdam I Pol, Nr. 1165

Dokument 13: Brief von Gertrud Feiertag an Alfons Hirsch

Caputh, 22. Juli 38.

Lieber Herr Hirsch,

Für Ihre freundlichen Geburtstags-grüsse Ihnen u. Ihrer Gattin sehr herzlichen Dank. Ich freue mich schon auf die versprochene, noch nachträglich zu veranstaltende Musik.

Das eingesandte Inserat hat uns alle sehr interessiert, der Vorschlag grosse Begeisterung hervorgerufen. Sie machen doch mit?

Einstweilen verleben wir bei schlechtem Wetter u. musiklos die Ferien. Die Kinder sind trotzdem sehr vergnügt; bis auf einige Krankheiten geht's uns gut.

Ist d. Ihnen wieder der glückliche Ort? Haben Sie meine Freunde mal gesehen. Denken Sie mal an uns mit Harald.

freuden etc? Ich warte mit dem

Schwimmunterricht auf Ihre Schultern, da hier weit u. breit niemand dieses Wagnis unternimmt.

Seien Sie sehr herzlich gegrüsst u. geniessen Sie alle schönen Ferienfreuden!

Ihre
Gertrud Feiertag.

Wir verhandeln in den nächsten Tagen wegen der Erhaltung Caputh's, da meine Pal. Pläne zerstoben sind.
Bitte nehmen Sie keinen bindenden Posten im anderen Erdteil an, bevor wir uns gesprochen haben.

Quelle: Ida-Seele-Archiv

Dokument 14: Brief von Lothar Lewinsohn an Alfons Hirsch

Lieber Alfi! 28.10.38.

Wie geht es Dir? Heute gibt es wieder viel zu erzählen. Gott sei Dank haben wir wieder Geigenstunde, bei Frl. Pfandewacht. Mein Zeugnis ist gut ausgefallen. In Musik und Biologie habe ich eine 1. Frl. Hayn ist unsere Musiklehrerin. Wir führen jetzt den Schauspieldirector auf. Aber so gut wie der Freischütz wird er sicher nicht klappen, weil Du nicht da bist. Jetzt werde ich Dir von unserm Tageslauf erzählen.

Morgens um 6¾ werden wir geweckt. 7⁴⁰ giebt es Frühstück. Das dauert bis um 8. 8¹⁰ fängt die Schule an, und sie dauert bis um 13²⁰. Um 13⁴⁰ fängt das Mittagessen. 14³⁰ haben die Grossen und das ganze Lichthaus Sport, bis um 15³⁰.

15 30 haben die Mittleren bis um

16 30 Sport. Neuerdings dürfen wir

alleine arbeiten. Fr. Epstein ist abgegan-

gen. Auch ist abgegangen: „Hans Stern"

Evelienne Alkan, Walter Moses, Steffi Goldstein

und Peter Neuman und Frl. Berger.

Viele Grüsse an Dich und Deine Frau.

Dein

Lothar

Viele grüße Jimmi Nathan!

Viele Grüsse Walter Herrmann

Beste Grüsse Ann Freund

Lieber Herr Hirsch!

Wir führen jetzt ein neues Theaterstück auf den Schauspieldirector von Mozart. Wie geht es Ihnen? Ist es schön in der Schweiz? Viele Grüsse

Klaus Menkel

Viele herzliche Grüsse und alles Gute für die Zukunft! Ihre Rigel.

Quelle: Ida-Seele-Archiv

Dokument 15: Zeugnis für Alfons Hirsch

JÜDISCHES LANDSCHULHEIM CAPUTH

Fernsprecher: Amt Caputh 361

Postscheck-Konto: Berlin 112820

Bank-Kt.: Potsdamer Creditbank

CAPUTH, den 31. Juli 1938
über Potsdam 2 — Potsdamer Straße 18

Z e u g n i s

Herr Alfons H i r s c h ist seit dem 1. März 1936 als Musiklehrer bei uns tätig gewesen.

In der ersten Zeit seiner Mitarbeit erteilte Herr Hirsch einer Reihe von Schülern und Schülerinnen Einzelunterricht im Geigespielen. Sehr bald entwickelte sich aus dem regelmäßigen Zusammenspiel der Kinder ein Kinder-Streichorchester, das unter seiner Leitung bei den allwöchentlich stattfindenden Musikabenden der Heimgemeinschaft das jeweilig Erarbeitete darbot. Auch den Schulmusikunterricht hat Herr Hirsch durch die Einstudierung eigener Kompositionen angeregt und bereichert. Für die vom Landschulheim gelegentlich veranstalteten Theateraufführungen schrieb er vielfach die Begleitmusik und trug auf diese Weise an wesentlicher Stelle zum Gelingen des Zusammenspiels bei. Endlich hat er auch selbst musikalische Aufführungen, sogar eine Oper-Einstudierung vorgenommen, selber geleitet und sie in einer außerordentlich sorgfältig vorbereiteten und gelungen Weise durchgeführt. Seit Oktober vorigen Jahres hatte Herr Hirsch zudem den gesamten schulmusikalischen Unterricht übernommen, und zwar sowohl im Chorgesang wie Musiktheorie, wobei er ausgezeichnete Leistungen und eine starke Förderung der einzelnen Begabungen bei den Kindern erreichte.

Herr Hirsch besitzt in hervorragendem Maße die Fähigkeit, die von ihm unterrichteten Kinder in besonderer Weise zu erfassen, den Sinn für Musik in ihnen zu wecken und sie zu eigener, strenger und freudiger Arbeit zu führen. Diese Hingabe an die musikalische Arbeit hat bei vielen Kindern zu einer überraschend günstigen Entwicklung ihrer Gesamtpersönlichkeit geführt, die dann auch durch gesammeltere Leistungen auf anderen Gebieten deutlich wurde.

Über die unterrichtliche Tätigkeit hinaus hat Herr Hirsch durch sein eigenes Musizieren die Gesamtheit der Kinder zum Zuhören erzogen und eine Musikatmosphäre geschaffen, in der Mitarbeiter und Kinder in gleicher Weise beschenkt und bereichert wurden. Zu den regelmäßig stattfinden Hauskonzerten hat er befreundete Musiker hinzugezogen und uns dadurch Kammermusikabende von hohem künstlerischen Niveau bereitet.

Wir bedauern das Ausscheiden von Herrn Hirsch infolge seiner Auswanderung außerordentlich und wünschen ihm für die Zukunft alles gute.

Jüdisches Landschulheim Caputh bei Potsdam

Dr. Isaac   G. Feiertag

Quelle: Ida-Seele-Archiv

Dokument 16: Brief von Frank Zippert an Alfons Hirsch

1

Du kanns anstadd
% Mr. Schindler
auch
Regents Park school
schreiben. Verstanden?

Frank Zippert
% Mr. Schindler
5 Maresfield Gardens
LONDON N.W.3

den 12. März 1939

Lieber, lieber, Herr Hirsch!

Ich war immer sehr sehr traurig einen so guten Freund nicht nur als Geigenlehrer, sondern völlig nämlich mit Adresse zu verlieren. Eine so sehr lange Zeit, in der so viel passiert ist konnte ich Dir nicht schreiben wegen der Adresse. Der letzte und erste Brief an Dich in die Schweiz war mit Lothar Lewinsohn. Er war glaub ich über 30 Seiten. Da du nach Caputh nicht geantwortest hast dachten wir er ist nicht angekommen. Hast du ihn bekommen? Und nun, hat meine erwachsene Freundin durch Frau Vandewards Schwester deine Adresse bekommen. Ist das nicht fabelhaft? Ich freute mich sehr sehr sehr darüber! Da ich nun sehr viel jetzt erzählen muss, schreibe ich erstens eng und zweitens teile ich's mir ein in Kapittels. Das kann ich sehr gut. Du erwartest doch sicher noch viel. Na, ich auch.

2

Ich werde mal diesmal (nicht immer mit Musik) mit Fragen anfangen.

1.) Meine Fragen

I.) Bist im Bilde was am 9. Nov. 38 in Deutschland los war ?????

II.) Was sind deine Erlebnisse, seit du im Sommer 38 (bis jetzt) weg gegangen bist ?

III.) Hast du mal wieder etwas von den anderen gehört ?

IV.) Wie stehts mit deinem Geige spielen ?

Mir werden im nächsten Brief sicher noch mehr Fragen einfallen.

2.) Von der Musik.

~~Seit dem~~ Da du nun weg bist, und da ich so einen guten Geigenlehrer auch nicht auf dem Lande wiederfinde fällt es mir schwer nun so plötzlich aufzuhören. Ich hatte zwar dann noch ein Paar Geigenstunden bei Frau Wandewart. A b e r die kam erst im Anfang vom Oktober. Also eine lange Pause ohne Geigenstunde. Und dann? der 9. Nov. Und seitdem, jetzt haben wir März, ~~hatte~~ habe ich keine Geigenstunde mehr. Aber selbstverständlich habe ich trotzdem immer geübt. Und nun will ich Dir erzählen was ich durch „selbstüben" ohne „Geigstunde" trotzdem schon spielen kann.

1.) (Seite 3.)

3

VIOLINE
(oder Flöte)

Loure

Alegro

Joh. Seb. Bach

1)

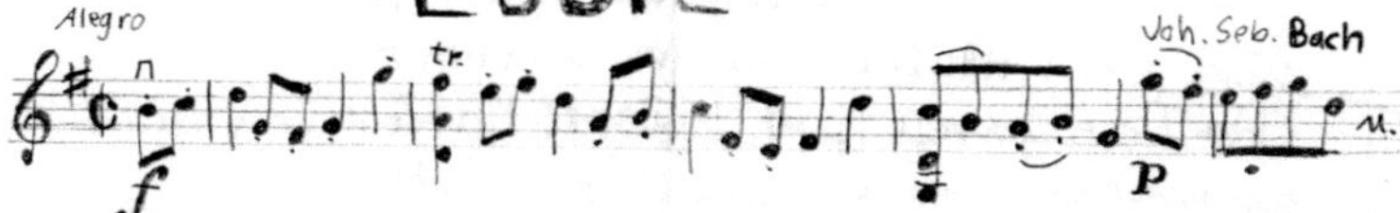

Kennst du das? Ist das nicht das richtig Stück für Frank Zippert? Temperamentfoll, laut und eine schöne Melodie!!! Ist das nicht der richtige Frank? Diese ganzen Doppelgriffe und was ich auch sehr gerne habe das plötzliche ff vom p und das steigern wieder zum —— f einfach korke ↓

z. B.

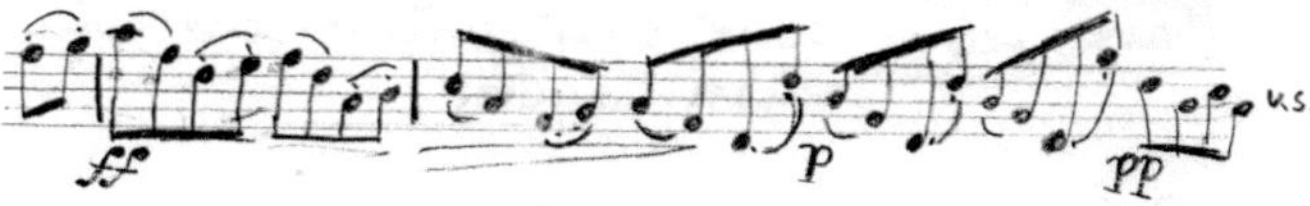

Na, du kennst es ~~glaube~~ ich. Kennst du dieses Stück von J.S. BACH?

2.) Hier nur ganz kurz den Anfang. Wenn du das nicht kennst, heisse ich „MORITZ"

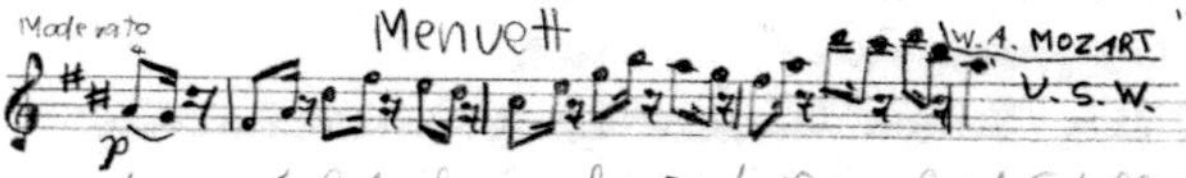

Moderato

Menuett

W. A. MOZART

Wenn das nicht knorke ist. Das hat Steffen Dienes gespielt und nun kann ich's schon spielen allerdings nicht den Schluss mit 16tel Noten in die 6. Lage. Auch das wird noch kommen. Dann übe ich's eben in 4tel dann in 8tel Noten. Wenn ich's dann rein und gut spiele kommen die 16tel Noten ganz von alleine!!! Von ~~wo~~ wehm weiss ich das denn? Selbstverständlich von den famosen und unschlagbaren Geigenlehrer Alphons Hirsch.

3.) Seite 4 1.

Na, nun mal Schluss mit den Noten. Nun will ich Dir blos noch ein Paar nennen die ich spiele. SERENADE von HAYDN, SARABANDE eine von HÄNDEL und eine von BACH.

~~No~~ Das ganze Heft heisst (Natürlich viele der genannten Stücke sind garnicht in dem Heft) →

Sammlung
klassischer Stücke
aus
Werke berühmter Meister
...

und dann kommt noch der Verlag. Ich glaube es ist Verlag Leipzig

Dann spiele ich auch schon die schweeren Pleyel-Duos auch Kleinigkeiten von Beethoven, Wagner, Donizetti, aus den Streichtrios von Haydn (also 2 Geig. Ebenfals " " Mozart (" "

u. s. w.

Also, ich habe ohne Geigenstunde, sehr sehr geübt und spiele jetzt schon Lagen.

Ich denke aber immer daran was du mir in jeder Geigenstunde sagtest. Ich wiederhole es noch mal:

1.) Nie die Tonleitern vernachlessigen.

2.) Nie auf der Geige so herum fuchteln und irgend-zu spielen und zu fummeln, weil man sich dann das „reinspielen" versaut.

3.) Den Bogen immer noch innenhalten.

4.) Genau zuhören ob's rein ist. Lieber langsam und rein als schnell und falsch, unrein spielen.

..... Was hast du mir denn noch gesagt, mal überlegen .... Im Moment fällt mir nichts mehr ein.

(wenden, auf Seite ~~4~~ 5)

5) Wie ich ein schweres Stück übe!
z.B. Das Stück wo ich den Anfang auf Noten aufgeschrieben habe, und zwar mit Bleistift
1.) geschrieben habe. Louve von Bach, Alegro.

1.) Sah ich gleich, wenn ich das gut spielen kann werde ich eine grosse freude habe. Ich guckte mir zuerst immer nur die Noten so allgemein an. Ich sah lauter Achtel Noten, und meinte das Stück muss temperamentfoll sein, darüber stand doch „Alegro" aber, trotzdem ich wusste es muss schön sein, ich traute mich nicht daran, und spielte immernoch die leichten Stücke dann gings aber los!

1.) Ich fing einfach an es mal, allerdings immerzu falsch, von Anfang bis zuende zu spielen. Da merkte ich nun die schwierigkeiten. I.) Das es oft in die 3. Lage geht (das war aber die geringste Schwierigkeit, denn Lagenspiele bin ich nun gewöhnt) dann ist der mittlere Teil nicht mehr die schöne leichte G-Dur Tonleiter sonder die (allerdings noch auszuhaltende) B-Dur Tonleiter. Ich schreibe etwas hier in Klammern weil ich mit ♭ bezeichneten Tonleitern immer grosse Angst habe.

2.) Dann spiele ich Reihe für Reihe ganz langsam Jede Reihe 2 oder 3 Mal, ist sie mit fehlern gespielt so gehe ich nicht eher daran weg bis es geht
U. S. W.

3.) Und dann spiele ich's ein Paar mal von Anfang bis zu Ende durch. Selbstverständlich geht's dann immer noch nicht ohne Fehler dann wirds aber.

4.) Dann kommen die keineren Dinge der Geschmack und mit f und P das ich zuerst extra nicht beachte. Die Feinheiten dauern sehr lange. Besonders, wenn manchmal so [Noten] Punkte über den Noten sind, wo man so mit dem Geigenbogen hopsen muss.

5) Und zum Schluss kommt dann das schnelle, Hier „Allegro" Und wenn man dann denkt „Nun kann ich das Stück ohne Fehler

6.) spielt man's dann doch noch mal. Dann sitzt das Stück erst.

Ist das richtig ???????????????????

Natürlich denke nicht ich könnte das Stück wirklich, auch noch nicht mit den Feinheiten, Ich habe eben erste mit Nr. 4 angefangen. ~~Aber~~ Aber so probiere ich immer ein Stück.
Ich sage mir immer, wenn ein Stück von mir besehen wird und ich ein Schreck kriege nur wegen der Noten schon,
ran, auf die Geige, und das Sprichwort

!!! probieren geht über studieren!!!
Dann kriege ich Mut und der Erfolg ist das ich die sonst von Steffen gespielten Stücke auch spielen kann..

Natürlich nicht soooooo gut.

Na .... und das alles von mir selber, und ohne Geigenstunde

Nun habe ich eine BITTE an Dich, ~~die~~ besser gesagt ein WÜNSCHE an Dich; sicher wirst du ihm gerne erfüllen:

~~Nämlich~~ Nämlich mein theoretischer Geigenlehrer Brieflich anders gehts ja nicht. Wie denkst du darüber ????

Ich will Dir auch sagen wie ich mir das denke. Das du mir Ratschläge für's Geigeüben gibst und so weiter. Mein Onkel spielt Cello hat immer mit mir geübt, ist leider noch in Deutschland, und mit ihm unterhalte ich mich immer über Musik, Komponisten, über berühmte Stücke u.s.w. Und das möchte ich gern mit Dir auch machen aber nicht heute, das ist zu lang.

MIT DEM KAPITTEL MUSIK

Schluss

3.) und 4. Kommt im nächsten Brief. Da erzähle ich persönliche Ding von mir. Amliebsten ist mir du stellst Fragen.

(wenden).

Nun endlich Schluss.
Weisst du ich muss Dir noch viel erzählen aber da immer an einem Brief zu sitzen macht eins föllig kriblig und müde und nervös.

Darum Schluss

das nächste mal weiter.

Viele herzliche

Grüsse

dein Geigenschüler

Frank.

Quelle: Ida-Seele-Archiv

Dokument 17: Brief von Ilse Thompson an Manfred Berger

LANDSCHULHEIM CAPUTH

Ich war zwei Jahre lang, von 1936-38, in Caputh, und kann mich nur an Gutes dort erinnern. Verwandte zahlten fur mich, eine 13-jaehrige, denn mein Vater war im Krankenhaus und meine Mutter arbeitete fuer die Berliner Juedische Gemeinde fuer ca. 100 Mark per Monat. So hatte ich kaum genug Taschengeld um manchmal nach Hause zu fahren. Aber das kuemmerte mich nicht viel, denn in Caputh war ich sehr sehr gluecklich.

Ich erinnere mich immer gerne an besondere Dinge im Heim die mich am Meisten interessierten. Ich will sie hier einzeln schildern: -

Da ich wirklich eine sehr gute Pianistin war (das wurde auch spaeter mein Beruf) war ich diejenige welche fast jeden Morgen vor dem Fruehstueck Etwas spielen musste und konnte. Tante Trude, naemlich, wollte allen Kindern Musik zu lieben moeglich machen, und es gab nichts zu essen bis Jeder sich beim Tisch hinsetzte und etwa 5 Minuten verschiedener Musik zuhoerte.

Wenn ich nicht Chopin, Mozart oder Beethoven spielte, begleitete ich einen kleinen acht-jaehrigen Violinisten, oder sogar einen 13-jaehrigen, den ich wirklich richtig liebte. Ich erinnere mich aber an den kleineren Jungen mehr weil er, aus Geldmangel, sich selbst all Noten die er spielen wollte hand-kopierte. Beide Jungen sind auf zwei Bildern eines Prospekts ueber das Landschulheim, und/oder auch auf den Bildern mit mir am Klavier die ich einlege.

Leider war mein Klavier-spielen eines Morgens auch die Gelegenheit einer traurigen Nachricht. Der Fluegel stand nebenan vom Buero, und als das Telefon klingelte, fand ich es sehr stoerend, bis Jemand es antwortete. Kurz danach wurde ich ins Buero gerufen, wo man mir sagte ich soll doch nach Hause fahren und mir mein dunkel-blaues Kleid anziehen. Zu Hause spaeter erfuhr ich dass mein lieber Pappi tot war.

Meine Freundin Ilse Kaufmann und ich bewohnten ein kleines Zimmer in einem der Haeuser ganz nahe dem Ufer der Havel. - Ilse, jetzt in San Francisco, und ich, in Toronto, Kanada, sind auch jetzt noch, nach 54 Jahren, die besten Freundinnen. - Unten in einer Keller-Wohnung wohnten Dr. Ising und seine Frau. Dr. Ising war mein Lieblingslehrer und lehrte Physik. Er war aber auch sehr an Opern interessiert, und fast jede Woche lud er uns Beide ein um eine Oper am Radio zu hoeren und sie zu besprechen. Diese Abende waren wunderbar.

Es war auch Dr. Ising der jeden Morgen um 7 Uhr den ganzen Sommer durch in den Fluss sprang, und er weckte uns Beide ueber ihm dann immer auf mit: "Schnell, kommt Schwimmen", und ob es regnete oder nicht, wir folgten ihm. Ich wurde dadurch wirklich auch eine gute Schwimmerin.

Eine andere Anekdote ist ueber unsere Liebe zu Makkaroni mit Tomatensauce. Da unser Haus am Ufer eine kleine Kueche hatte wo man wirklich etwas kochen konnte, kaufte diejenige Ilse die nach Hause fuhr ein Pfund Makkaroni und eine Buechse Tomatenpurree. Dann, etwa um 8 Uhr abends, als sie von Berlin zurueckkam, (nach einem guten Abendbrot zu Hause) kochten wir unser Mahl und assen es auf, das ganze Pfund. Danach wurde uns manchmal schlecht, aber wir konnten einfach nichts zurueck lassen. (Wir beide sprechen oft noch ueber diese Ereignisse).

Ich erinnere mich sehr an das Einstein Haus. Das war des grossen Mannes frueheres Sommerhaus nebenan vom Landschulheim. Er besass auch ein Scull/Ruderboot , das wir Alle oefter benutzen konnten. Was fuer Arrangementsn er mit Tante Trude hatte weiss ich nicht, aber wir hatten viel Freude mit seinem Boot.

Ich konnte nicht Jeden in Caputh leiden, und Eine davon war eine Mitschuelerin in Franzoesisch. Vielleicht gerade darum wurden sie und ich zu einem Theaterstueck vorbereitet. Das Stueck hiess "Le Paraplui", und ich habe ein photo davon. Irgendwie fuehrten wir das Stueck auf, aber ich konnte sie danach nicht besser leiden als bevor; auch kann ich mich nicht an ihren Namen erinnern.

Dann war dort eine Englische Lehrerin. Unser Schulhaus war fast im Wald, und so kam es das unsere erste Englische Stunde so fortging, und ich werde sie nie vergessen, obwohl meine Hauptsprache jetzt Englisch ist::

Lehrerin: "Behiiiind the Houuuuuse there is a Wooood. Repeat!"

Ich habe keine Schulbuecher mehr, aber in Dr. Ising's Stunde lernten wir ueber Waagen und ein Junge und ich zusammen bauten eine sehr gute Waage; er machte das Bauen, und ich die Mathematik, und wir gewannen mit dieser Waage Etwas in einer kleinen Ausstellung.

Eine andere Erinnerung bezieht sich auf Frl. Feiertag's (Tante Trude) LEBENSKUNDE. Diese wurde Sonnabend morgens gehalten, und ich habe immer noch das Buch das wir diskutierten: Siddharta von Hermann Hesse, obwohl meins in Englisch ist. So ein Buch wird wohl sonst nie von Kindern gelesen, aber Tante Trude wusste wie man sowas besprechen konnte und wir waren nie gelangweilt. Sie hatte wirklich ein Charisma.

Ja, der Grund meiner Schulung in Caputh war schlimm ... aber fuer mich war es nur:

GLUECK !!!

Ihre

Ilse M. Thompson

Quelle: Ida-Seele-Archiv

Dokument 18: Brief von Frank Zippert an Alfons Hirsch

(1)

Frank Zippert
c/o Mrs. Schindler
5 Maresfield Gardens
LONDON N.W.3
Regents Park school

London, the 24th May 1939

Lieber Herr Hirsch.

Deinen letzten Brief mit Schreibmaschiene habe ich Mittwoch mit der ersten Post gut erhalten.
Diesen Brief möchte ich sofort beantworten.
1.) Du hast meine Adresse falsch geschrieben, sie ist genau so wie ich sie am Absender geschrieben habe. Wenn du willst kannst „Regents Park school" auch weglassen, oder and statt „c/o Mrs. Schindler" „Regents Park school" schreiben.
2.) Ich weiss dass du seeeehr viel zu tun hast, oder nicht? und ich nehme Dir selbstverständlich nicht übel dass du so lange nicht mehr geschrieben hast. Auch vielen Dank für deine Bemühungen

für Noten (Tonleiterstudien)

3.) Es ist natürlich schade daß du garkeine Aussichten hast nach England zu kommen, aber ist es heute zu Tage nicht schon wunderbar zu hoffen das wir uns in Amerika wiedersehen? Das selbe auch mit meinem Vater, blos das er in Deutschland noch ist, während du wenigstens schon vom Konzentrationslager u.s.w. bewahrt bist.

4.) Und nun was du über den Krieg glaubest. Wie ich glaube sage ich Dir noch wenn ich bei dem Thema „POLETIK" bin!
Wie meinst du das eigentlich mit dem: „Wenn es mal los gehen sollte (mit dem Krieg nämlich) dann besteht für jeden einzelnen Gefahr und da hilft nur
GOTTES WILLEN."

Nun kommen da immer die selben Fragen.

Warum lässt denn Gott überhaupt erst solch eine Kriegsgefahr, und solch ~~ein~~ ein Hiller aufwachsen ? ??
Ich will Dir mal immer die selben Fragen und Antworten auf schreiben.

Frage: Warum lässt Gott überhaupt erst Hiller aufwach
Antwort: Weil die Jude ungläubig an Gott und unfrom waren und dass soll die Strafe sein wo die Juden lernen sollen.

2. Frage: Aber warum macht Gott solch Prühfrugen immer nur bei uns (bei den Juden)
Antwort: Weil die Juden das auserwählte Volk Ist.

Aber kann man denn Herr Hirsch, Gott = gläubig werden wenn die Juden ganz ohne Grund rücksichtslos gequält werden, und keine Hilfe kriegen Gott gläubig werden ??? Und das schon seit 2000 Jahren. Welch Beweise lieber Herr Hirsch,

gibt es denn, das es einen GOTT gibt.
Irgendwie stelle ich mir schon Gott vor,
aber ich sage dafür: die Natur!!!!
Kann man denn nicht auch ein ganz
anständiger Mensch sein wenn man auch
nicht in die Synagoge geht? Man braucht
doch nur ehrlich sein, nicht stehelen,
nicht lügen u.s.w.
Du kennst mich ja in diesem Bezug
schon von CAPUTH.
Ich weiss nicht wie Gott ~~aus~~ auf diesem
Weg die Menschen from mach will.
Und wenn du schreibst von „Gotteswille"
so meinst du doch es kommt weil es
kommt von der Natur aus!

So nun Schluss mit diesem
Thema.

Bitte, bitte antworte mir besonders
auf diesem Thema.

⑤

POLETIK

Mir hat mal einer was erklährt wa das ergebnis „DER KRIEG" ist.

Beispiel: Stelle Dir vor du hast eine Fabrik und fabrizierst Autos. Nun ausgerechnet färt jetzt keiner Auto, nur die die schon Autos besitzen. Nun sitzt du da .... hast viel Geld ausgegeben für Autos und keiner kauft sie, und du kriegst kein Geld. ~~Da~~ Du könntest höchstens selber mit den Autos fahren.

Die Wirklichkeit: An stell dieser Autos nimmst du nun (Munitstion) Kriegsmaterial, und and statt einer Fabrik nimmst du Deutschland. Nun hat Deutschl. über, über, und ~~so~~ über gerüstet hat alles Geld nur für diesen Zweck gegeben, Winterhilfswerksgeld und jede Einname. Wo soll wenn jetzt wenn kein Krieg kommt die Munitstion hin, die doch dann alt und schlecht wird. Wenn

also Hitler keinen Krieg macht muss eine grooooooooße große Nooot, eine wirtschaftlich Not über Deutschland kommen, denn es ist doch kein Geld mehr da, das war doch als fur Rüstungszwecke. 2 ist das Geld nichts mehr wert und wenn dann eine Inflation kommt wette ich um 1000 Mark dass dann auch eine Revolution kommt. Also ~~wenn~~ in Friedenszeiten ist Deutschland verloren. Ganz ~~bestimd~~ bestimmt. So lähmt sich Hitler also nur noch auf die letzte und aller letzte Hoffnung: Der KRIEG. ~~Selbst~~

Ich hoffe das du gut in Poletik unterrichtet bist das ich gleich in der Gegenwart schreiben kann:
Wenn der Pact mit Russland und England und mit Russland-FRANKREICH klappt und dahinter noch U-S-A steckt ist die Übermacht so gross das Deutschl. 100 Pr_.

verloren ist. Wenn ~~Hit~~ Hitler klug ist fängt er jetzt den Krieg an oder hätte ihn schon angefangen, denn die Packte (Freundschaften) mit Russland sind ja noch nicht fertig! Sollte die Über=macht gegen Deutschland doch soooo groß sein würde doch nur Deutschland zer=stört werden, aber noch lange nicht die ganze Welt, a, ---a-- abe --- aaaber, aber dann die JUDEN ~~in~~ in Deutschland ??? ???

Schreibe mir bitte genau deine Meinung über diese~~n~~ ganze~~n~~ Sache.

POLETIK

Fachistische DICTACTUR
und die (angeblich) sozialistische DEMOKRATIE.

und auch der KOMMONISMUS

Jedes Land das nur 1 Ziel hat wendet die Dictaktur an.
DEUTSCHLAND: (Adolf Hitler)
es will gross werden, Hitler will das Volk ~~aus~~ an sich ziehen, und will nur mächtig und gross werden. Solch eine Dictaktur wird nie hoch kommen, den das Volk geht mit einer Gewaltführung nie mit. und dann zum Schluß ~~was~~ wird es immer herab fallen, während eine Demokratie nie zusammenfallen kann, denn es geht immer noch dem VOLK. Nun allerdings kommt es immer drauf an was ~~tes~~ eine Dictaktur erreichen will. Der Kommonismus is doch genau der dictaktorische Sozialismuss. Ganz unten auf Seite (7) schreibe ich in ( ) angeblich. Damit meine ich dass in einer Democratie sich jeder noch erlauben kann, z. B. eine Fabrik zu machen und Konkurenz zumachen. Und in einer Democratie gibt es immer noch: reich und arm

und z.B. Chamberlain denkt doch ~~bestim~~ bestimmt mehr an sich als an England, während das beim Kommonismus ein Unterschied ist.

Verstehst du nun was ich meine?

Schreibe du mir doch bitte was du über: Kommonismus, Sozialismus, Demo=cratie, und Facismus glaubst.

was ist eigentlich der Unterschied zwischen Facismus und Nationa-sozialis=mus?!

So Herr Hirsch. Ich werde jetzt mal den Brief beenden. Ich werde Dir dann auch noch mehr schreiben. Übrigens, was ich Dir noch sagen muss Meine Mutter ist in London angekommen (von Deutschland) Wie mich das freut

10

kannst du Dir ja denken.

Im Bezug auf die Tonleitern werde ich mir von meinem Geld Tonleitern-studien kaufen. Das ist sehr wichtig besonders die Tonleitern in den Lagen. Ich spiele jetzt schon besser Geige.

Grete Girzeh werde ich von Dir grüssen.

Viele herzliche Grüsse dein Frank

Quelle: Marguerite Schulé/Ida-Seele-Archiv

Erhard Roy Wiehn
Jüdische Kinder in der Schoáh

Vor 26 Jahren hatte ich mit Brigitte Pimpl den Sammelband *Was für eine Welt – Jüdische Kindheit und Jugend in Europa 1933-1945* (Konstanz 1995, 171 Seiten) herausgegeben; vor 24 Jahren erschien in unserer Edition Schoáh & Judaica von Christoph Schwarz, *Verfolgte Kinder und Jugendliche aus Baden-Württemberg 1933-1945* (Konstanz 2007, 2. u. aktual. Auflage 2009, 249 Seiten). Inzwischen konnten wir nicht wenige weitere Bücher publizieren, in denen es auch um jüdische Kinder und Jugendliche in der Schoáh geht (S. 117 ff.), zuletzt *Jüdische Kinder und Jugendliche in der Schoáh – Ein Lesebuch der Edition Schoáh & Judaica* (Konstanz 2021, 218 Seiten).

In meinem Vorwort zu *Was für eine Welt* hatte ich geschrieben: "Der ebenso bizarre wie schlichte Steingarten zum Gedenken an die Ermordeten von Treblinka war diesbezüglich das Bewegendste, was ich bis 1983 gesehen hatte. Unvergleichbar, aber in seiner Art vielleicht noch stärker ist die Kindergedenkstätte von Moshe Safdie (1987) für die eineinhalb Millionen unter deutscher Herrschaft ums Leben gebrachten Kinder in Yad Vashen, der nationalen Gedenkstätte Israels in Jerusalem. [1] – Kinder im Krieg sind stets die allertraurigsten Opfer, ob sie sterben oder überleben. Denn sie sind ganz bestimmt nicht schuldig, sei ihr Land Aggressor oder Opfer. Wie in vielen Kriegen vorher, nachher und bis zum heutigen Tag wurde der Tod vieler Kinder auch im Zweiten Weltkrieg "natürlich" von der deutschen NS-Regierung inkauf genommen. Der Mord an eineinhalb Millionen jüdischer Kinder in allen deutschbesetzten Gebieten war, ist und bleibt jedoch etwas völlig anderes als der "normale" Kriegstod. Wie nämlich die Juden als "Untermenschen" so wurden auch jüdische Kinder und Jugendliche einfach deshalb vernichtet, weil sie den herrschenden deutschen Herrenmenschen schlichtweg nicht lebenswert erschienen. Darin zeigt sich nicht nur einmal mehr die völlig Absurdität der nationalsozialistischen Begründungsideologie bezüglich der "Endlösung der Judenfrage" überhaupt, sondern auch die totale Barbarei ihrer Vollstreckung, was unbedingt auch für Sinti- und Romakinder gilt. Man schätzt, dass nicht mehr als 10 Prozent der jüdischen Kinder in Europa die Schoáh überlebten. – Wenn eines Tages viele Einzelheiten dieser schrecklichen 12 Jahre des "Tausendjährigen Großdeutschen Reiches" und der Schoáh sowie der sechs Jahre des Zweiten Weltkriegs noch mehr in Vergessen-

---

[1] https://de.wikipedia.org/wiki/Denkmal_für_die_Kinder_in_Yad_Vashem

heit geraten sein werden, dann wird doch diese Schandtat der Schandtaten noch immer und auf ewig im kollektiven Gedächtnis der Menschheit verbleiben.

*

Manfred Berger legt hier nun eine faszinierende Dokumentation über ein ziemlich einmaliges Projekt einer einzigartigen Frau vor: Gertrud Feiertag (1890-1943)[2] und ihr *Jüdisches Landschulheim Caputh* bei Potsdam. Diese Reformpädagogin war nach ihrer Kindergärtnerinnen- und Jugendleiterinnen-Ausbildung zunächst in einem jüdischen Kindererholungsheim auf der Insel Norderney tätig. Dann gründete sie das Jüdische Landschulheim Caputh, das am 1. Mai 1931 eröffnet wurde und von Manfred Berger gewissermaßen fachkundig von innen gezeigt wird, und zwar von der äußeren und inneren Entwicklung (S. 22 ff.) über Die Anfangsjahre (S. 24 ff.), Pädagogische Konzeption und Alltag in Heim und Schule (S. 28 f.), Erziehung der Kinder zu ihrem Selbst (S. 29 ff.), Musische Förderung und lebenskundlicher Unterricht (S. 32 ff.), Gestaltung jüdischer Feste und Feiern (S. 38 ff.), Fremdsprachen, Sport und politische Bildung (S. 43 ff.) bis zu Jahre der NS-Zeit, zum gewaltsamen Ende des Landschulheims im Zuge des Novemberpogroms 1938 und zur Deportation von Gertrud Feiertag und ihrer Ermordung in Auschwitz-Birkenau 1943.

"In der Caputher Enklave stand die Lebensgemeinschaft im Zentrum des pädagogischen Geschehens,", schreibt Manfred Berger, "in der und durch die der Einzelne zu seiner Persönlichkeit reifen konnte. Unterricht, Arbeit und soziales Leben waren unter einem Dach vereinigt. Ein weiteres wesentliches Merkmal war, dass Lehrer*innen und Erzieher*innen ihren 'Zöglingen' mit Respekt begegneten, diese als eigenständige Individuen anerkannten, annahmen, führten und begleiteten, beschützten und hinsichtlich ihrer jüdischen Herkunft stärkten. Besonders auf schöngeistige Bildung wurde Wert gelegt: Theater, Musik, Malerei, Literatur oder Ausflüge in die nähere Umgebung standen im Zentrum des Schul- und Heimalltags." (S. 13)

"Gertrud Feiertags Lebenswerk lebt trotz Zerstörung durch die Nazis weiter, muss in der deutschen Öffentlichkeit weiterleben", so Manfred Feiertag in seinem Epilog, "denn, wie der spanische Philosoph und Schriftsteller George de Santayanas konstatierte, ist jener, der die Geschichte nicht kennt, dazu verdammt, sie zu wiederholen. (...). Gerade im Jahr 2021, in dem Deutschland auf eine 1700-jährige Geschichte jüdischen Lebens zurückblicken kann, ist es wichtig und notwendig, die Erinnerung an die Schoah und den ungeheuren menschlichen wie kulturellen Verlust zu bewahren, an Gertrud Feiertag und ihrem Kinder-Landschulheim zu erinnern, damit ihre Spuren nicht von der schnelllebigen Zeit verweht werden." (S. 58)

---

[2] https://de.wikipedia.org/wiki/Gertrud_Feiertag; http://www.frauenorte-brandenburg.de/index.php?article_id=82

*

Manfred Berger ist für seine Erinnerungsarbeit herzlichen zu danken, seine Intension und Dokumentation passt bestens in unsere Edition Schoáh & Judaica, erweitert und bereichert unsere Kindersektion.

Gertrud Feiertag erinnert an den Pädagogen und Schriftsteller Dr. Janusz Korczak (Henryk Goldszmit), der sich mit seinen Waisenkindern im Sommer 1942 in den ersten Gruppen der Deportierten aus dem Warschauer Ghetto befand, und ein Augenzeuge berichtet: "Ich muss hier noch einmal die banalen Worte wiederholen, dass es keine solche Feder gibt, mit der dieses furchtbare Bild beschrieben werden könnte... 200 Kinder standen zu Tode erschrocken da. Gleich würden sie bis auf das Letzte erschossen werden. Und dann geschah etwas Außergewöhnliches: Diese 200 Kinder schrien nicht, 200 unschuldige Wesen weinten nicht, keines von ihnen lief davon, keines verbarg sich. Sie schmiegten sich nur wie kranke Schwalben an ihren Lehrer und Erzieher, ihren Vater und Bruder, an Janusz Korczak, damit er sie behüte und beschütze. Er stand in der ersten Reihe. Er deckte die Kinder mit seinem schwachen, ausgemergelten Körper. Die Hitlerbestien nahmen keine Rücksicht. Die Pistole in der einen, die Peitsche in der anderen Hand bellten sie: 'Marsch!' – Wehe den Augen, die dieses furchtbare Bild mitansehen mussten. Janusz Korczak, barhäuptig und mit einem Lederriemen um den Mantel, mit hohen Stiefeln, gebeugt, hielt das jüngste Kind an der Hand und ging voraus. Ihm folgten einige Schwestern in weißen Schürzen und dann kamen die 200 frischgekämmten Kinder."[3]

6. April 2021

Kurzinfomationen zu Herausgeber, Autor und Buch

Prof. u. Hon.Prof. Dr. Drs. h.c. Erhard Roy Wiehn, M.A.

Professor (em.) im Fachbereich Geschichte und Soziologie der Universität Konstanz; Veröffentlichungen vor allem zur Schoáh & Judaica:
https://de.wikipedia.org/wiki/Erhard_Roy_Wiehn
www.uni-konstanz.de/soziologie/judaica

Manfred Berger

Manfred Berger unterrichtete 35 Jahre (u. a. Rhythmik, Kinder- und Jugendliteratur, Vorschulpädagogik, Heil- und Heimpädagogik, Geschichte der Sozialarbeit und Sozialpädagogik) an verschiedenen Fach(hoch)schulen / Fachakademien für Sozialpädagogik. Davor war er über 10 Jahre als Erzieher und Heilpä-

[3] Bernard Mark, Der Aufstand im Warschauer Ghetto. Berlin (Ost) 1957, S. 110 f.

dagoge in heilpädagogischen Heimen in Kasperlmühle (Obb.), Marquartstein,

Idstein und Dachau tätig. Sein Publikationsverzeichnis umfasst weit über 1.200 Aufsätze und mehrere Fachbücher, überwiegend zur frühkindlichen Erziehung, Geschichte der Heilpädagogik, Sozialen Arbeit (dabei insbesondere die Leistungen von Frauen und Männern berücksichtigend) und zur Kinder- und Jugendliteratur. Seit seinem Ruhestand widmet er sich verstärkt dem von ihm 1993 mitbegründeten „Ida-Seele-Archiv zur Erforschung der Geschichte des Kindergartens". Außerdem hält er Vorträge „rund um den Kindergarten". Manfred Berger lebt und arbeitet in Dillingen/Donau und Augsburg.
https://de.wikipedia.org/wiki/Manfred_Berger_(Pädagoge)

Kurzinformation zum Buch

Nur wenige Monate nachdem Hitler zum Reichskanzler ernannt worden war, begannen die systematisch geplanten Verfolgungen jüdischer Menschen und die Zerstörung jüdischer Einrichtungen. Davon war auch Gertrud Feiertag sowie das von ihr 1931 in Caputh ins Leben gerufene „Kinder-Landheim zur Pflege, Erziehung und Erholung" betroffen. Ihre anfänglich überkonfessionelle Erziehungs- und Bildungsinstitution musste sich ab 1936 „Jüdisches Landschulheim Caputh" nennen. Die Einrichtung wurde am 10. November 1938 von einer Horde aufgehetzter Menschen zerstört, die Caputh „judenfrei" haben wollten.

Manfred Berger beschreibt den Lebensweg der Landschulheimgründerin, der in Auschwitz endete, und den Auf- und Ausbau ihrer Erziehungs- und Bildungsstätte. In Gertrud Feiertags Einrichtung stand die ganzheitliche Bildung und Betreuung der Kinder im Mittelpunkt des pädagogischen Geschehens, die Besinnung auf den Eigenwert jüdischer Kultur und Menschlichkeit als Basis einer individuellen und kollektiven Identifikation.

Das Lebenswerk dieser außerordentlichen Pädagogin muss in der deutschen Öffentlichkeit weiter leben, denn, wie der spanische Philosoph und Schriftsteller George de Santayanas konstatierte, ist jener, der die Geschichte nicht kennt, dazu verdammt, sie zu wiederholen. Die Beschäftigung mit Gertrud Feiertag und ihrer Erziehungs- und Bildungseinrichtung ist eine unabweisbare spezifische Konsequenz daraus, gerade im Jahr 2021, in dem Deutschland auf eine 1700-jährige Geschichte jüdischen Lebens zurückblicken kann. Caputh ist, trotz seiner kurzen Existenzzeit, ein Beispiel für einen Erziehungsversuch unter einzigartigen Bedingungen, der bis heute nichts von seiner Eigenart und Bedeutung verloren hat.

Edition Schoáh & Judaica/Jewish Studies – seit/since 1984
von/by Prof. (em.) Erhard Roy Wiehn, Universität Konstanz
Hartung-Gorre Verlag/Publishers, Konstanz, Germany
04/2021 - http://www.uni-konstanz.de/soziologie/judaica

Kinder und Jugendliche in der Schoáh

Benjamin Anolik, **Lauf zum Tor mein Sohn** – Von Wilna durch das Ghetto Wilna und sechs Lager in Estland. Jüdische Schicksale in und aus Litauen. Konstanz 2005.

Association for Researching the History of the Jews in Blankenese & Erhard Roy Wiehn (Eds.), **Cherries on the Elbe** – The Jewish Children's Home in Blankenese 1946–1948. Konstanz 2013.

Margit Bartfeld-Feller, **Am östlichen Fenster** – Gesammelte Geschichten aus Czernowitz und aus der sibirischen Verbannung. Konstanz 2002.

Margit Bartfeld-Feller, **Selma Meerbaum-Eisinger 1924–1942** – Erinnerungen ihrer Schulfreundin. Vorwort Petro Rychlo. Konstanz 2013.

Margit Bartfeld-Feller, **Von dort bis heute** – Gesammelte Geschichten aus Czernowitz sowie aus der sibirischen Verbannung und danach 1925–2015. Konstanz 2015.

Margit Bartfeld-Feller, **Mein Bruder Othmar (Otti) Bartfeld** – Als jüdischer Junge 1941 mit seiner Familie vom sowjetischen NKWD aus Czernowitz nach Sibirien deportiert und in Tomsk für immer verblieben 1932–2016. Mit Beiträgen von Othmar (Otti) Bartfeld und einer Fotodokumentation. Konstanz 2017.

Alexander Barzél u. Erhard Roy Wiehn, **Was für ein Leben** – Von Budapest durch Bergen-Belsen und die Schweiz nach Israel. Ein Gespräch im Kibbuz über jüdische Ideen sowie über jüdisches Leben und Leiden 1944–1985. Konstanz 2013.

Gretel Baum-Merómm & Rudy Baum, **Kinder aus gutem Hause / Children of a Respectable Family** – Von Frankfurt am Main nach Israel und Amerika / From Frankfurt to Israel and America. Erinnerungen, Fotos und Dokumente / Memories, photos and documents 1913/15–1995–2011. Konstanz 2011.

Jehuda Beiles, **Dem Massengrab entkommen** – Ein Augenzeuge berichtet über die Schoáh in Kaunas und Kaufering. 128 Seiten, Fotos u. Dokumente. Herausgegeben unter Mitarbeit von Marie-Elisabeth Rehn. Mit einer DVD über den Autor. Konstanz 2010.

Mali Chaimowitsch-Hirsch, **Kindheit und Jugend im Schatten der Schoáh** – Jüdische Schick-sale aus der Bukowina 1928–1990. Konstanz 1999.

Bronia Davidson-Rosenblatt, **Keine Zeit für Abschied** – Von Polen durch den Ural nach Samarkand und zurück bis Amsterdam. Jüdische Schicksale 1939–1956. Aus dem Niederländischen von Anneliese Nassuth. Konstanz 2000.

Edith Ernst-Drori, **Des Lebensrechts beraubt** – Drei Jahre im Untergrund. Jüdische Schicksale in der Slowakei 1942–1945. Konstanz 2000.

Karl Iosifowitsch Epstein, **Weihnachten 1942** – Ein jüdischer Junge überlebt deutsche Massaker in der Ukraine und erlebt als ukrainischer "Ostarbeiter" eine deutsche Weihnacht in Berlin. Konstanz 2011.

Dorit Felsch, **Chava heißt Leben** – Das Schicksal einer jüdischen Familie aus Beuthen im Holocaust und die Flucht ihrer dreizehnjährigen Tochter nach Eretz Israel. Konstanz 2016.

Frida Friedmann, **Wenig Freude und viel Kummer** – Jüdische Arbeiterfamiliengeschichte in Ungarn 1888–1968. Aus dem Ungarischen von Klara Strompf. Herausgegeben von Éva Gábor und Erhard Roy Wiehn. Konstanz 2013.

Israel A. Glück, **Kindheit in Lackenbach** – Jüdische Geschichte im Burgenland. Konst. 1998.

Yosef Govrin, **Im Schatten der Vernichtung** – Erinnerungen an meine unbeschwerte Kindheit in Bessarabien und Czernowitz, die bittere Verbannung in Transnistrien und die illegale Einwanderung nach Eretz Israel 1930–1947. Konstanz 2018.

Gabriel Groszman, **Als Junge in Ungarn überlebt** – Nach jüdischer Kindheit in Vámosmikola Monate des Terrors im Untergrund und Emigration nach Argentinien 1870–1930–2011. Konstanz 2011.

Helmut Grünfeld, **Gerechte gab es nicht viele** – Ein deutsch-jüdisches Überlebensschicksal in Mainz 1928–1945. Konstanz 1996.

David Guttmann, **Schwierige Heimkehr** – Leben und Leiden in Ungarn, dann auf der 'Exodus' und zurück über Bergen-Belsen nach Tel Aviv. Jüdische Schicksale 1944–1948. Konstanz 1997.

Gábor Hirsch, **Als 14-jähriger durch Auschwitz-Birkenau** – Aus dem ungarischen Békéscaba sieben Monate Konzentrationslager überlebt und über Kattowitz, Czernowitz, Sluzk zurück 1944–1945. Mit einer Dokumentation zum jüdischen Zensus in Békéscaba und zu den Depor-tationszügen von Ungarn nach Auschwitz-Birkenau sowie einer CD des Autors mit Fotos und Dokumenten. Konstanz 2011.

Nathan Höxter, **Jüdische Pionierarbeit** – Nach Kindheit und früher Jugend in Berlin ein Leben im Kibbuz Geva und neue Brücken nach Deutschland 1916–2000. Konstanz 2000.

Sylvia Hoişie-Korber & Mirjam Bercovici-Korber, **Exkursionen in die Vergangenheit** – Tagebuchaufzeichnungen aus der Verbannung in Transnistrien 1941–1944 sowie eine Reise in die-se Vergangenheit von Iaşi nach Czernowitz, Mohyliw, Scharhorod und Dschurin 2013. Vorwort von Andrei Corbea-Hoişie. Konstanz 2014.

Jack Heinz Honig, **Meine Familiengeschichte** – Von Alsenz in der Nordpfalz über England in die Vereinigten Staaten und als amerikanischer Soldat wieder in Deutschland sowie ein erfolgreiches Leben in Amerika 1921–1991. Aus dem Englischen von Karin Zimmer-Knerr und Klaus Knerr. Konstanz 2010.

Paul Jakov Hronec, **Der Flüchtling** – Nach schöner Kindheit in der Slowakei Jahre dortiger Verfolgung, Überleben in Ungarn und Befreiung in der Slowakei. Jüdische Schicksale 1927–1945. Konstanz 2009.

Herbert Zwi Kessler, **Der Weg ins Ungewisse** – Von Berlin nach Holland und Belgien. Erinnerungen eines jüdischen Flüchtlingskindes 1928–1945. Konstanz 2000.

Erika Myriam Kounio-Amariglio, **Damit es die ganze Welt erfährt** – Von Saloniki nach Auschwitz und zurück 1926–1996. Aus dem Griechischen von Egon Amariglio. Konstanz 1996, 2. Auflage 2003.

Zvi Harry Likwornik, **Als Siebenjähriger im Holocaust** – Nach den Ghettos von Czernowitz und Bérschad in Transnistrien ein neues Leben in Israel 1934–1948–2012. Konstanz 2012; durchgesehene und durch Buchbesprechungen erweiterte Neuausgabe 2013.

Pál Markovits, **Stets bei Verstand sein** – Kindheit, Jugend und Arbeitsdienst in Ungarn, Zwangsarbeit und Flucht in Jugoslawien, Schutz bei den Tschetniks sowie Tierarzt bei den Partisanen und in der jugoslawischen Befreiungsarmee. Konstanz 2006.

Heinz Jehuda Meyerstein, **Gehetzt, gejagt und entkommen** – Von Göttingen über München und das KZ Dachau nach Holland, Deutschland, Holland und durch Frankreich über die Pyrenäen nach Spanien gerettet. Jüdische Schicksale 1938–1944. Konstanz 2008.

Therese Müller, **Als junge ungarische Jüdin im Holocaust** – Von Jázberény durch Auschwitz, das KZ Außenlager Walldorf beim Flughafen Frankfurt am Main, Ravensbrück, Mauthausen und Gunskirchen 1925–2007. Konstanz 2014.

Rachela Zelmanowicz Olewski, **Weinen hier verboten** – Ein jüdisches Mädchen im polnischen Bendzin, im Ghetto von Bendzin und im Versteck, im Frauenorchester von Auschwitz, in Bergen-Belsen und in Israel 1921–1987. Konstanz 2018.

Lucie Ondřichová, **Fredy Hirsch** – Von Aachen über Düsseldorf und Frankfurt am Main in Prag, Ostrava, Brünn, Prag und andernorts, dann durch Theresienstadt nach Auschwitz-Birkenau. Eine jüdische Biographie 1916–1944. Konstanz 2000; Neuauflage mit Beiträgen von Rachel Masel und Pavel Stránský. Konstanz 2017.

Brigitte Pimpl u. Erhard Roy Wiehn (Hg.): **Was für eine Welt** – Jüdische Kindheit und Jugend in Europa 1933–1945. Konstanz 1995.

Eitan Porat, **Stimme der toten Kinder** – Von den Karpaten durch Auschwitz, Nordhausen und Bergen-Belsen nach Israel 1928–1996. Konstanz 1996.

Nava Ruda, **Zum ewigen Andenken** – Erinnerungen eines Mädchens aus dem Ghetto Lwow. Jüdische Familiengeschichte 1899–1999. Aus dem Hebr. von A. Salamon. Konstanz 2000.

Arkadius Scheinker, **Schoáh in Riga** – Nach der Kindheit in Riga durch das Ghetto Riga im Arbeitskommando BdO, dann im TWL Riga-Mühlgraben und durch die KZs Stutthof bei Danzig und Danzig-Burggraben im KZ Gotttenhof/Pommern befreit. Konstanz 2009.

Christoph Schwarz, **Verfolgte Kinder und Jugendliche aus Baden-Württemberg 1933–1945.** Konstanz 2007, 2. u. aktualisierte Auflage 2009, 249 Seiten, viele Fotos.

Zvi Sohar, **Aus der Finsternis zum Licht** – Als Junge von Komarów in Polen durch Ghetto und zwei Jahre in Todesangst versteckt sowie nach Hamburg-Blankenese ein erfülltes Leben in Israel. Konstanz 2012.

Zwi Helmut Steinitz, **Als Junge durch die Hölle des Holocaust** – Von Posen durch Warschau, das Krakauer Ghetto, Płaszów, Auschwitz, Buchenwald, Berlin-Haselhorst, Sachsenhausen bis Schwerin und über Lübeck, Neustadt, Bergen-Belsen, Antwerpen nach Erez Israel 1927–1946. Konstanz 2006, 2. erweiterte Auflage 2008 (mit vielen Fotos aus dem ehemaligen Krakauer Ghetto heute sowie von der jüngsten Vortragstätigkeit des Autors in Deutschland), 455 Seiten, 3. Auflage 2011, 4. Auflage 2015.

Zwi Helmut Steinitz, **Eine deutsch-jüdische Kindheit im polnischen Posen** – Erinnerungen eines Überlebenden und ein Wiedersehen nach 70 Jahren 1927–1939–2009. Konstanz 2015.

Noah Stern, **"Gott hat uns den Weg gezeigt"** – Als Zehnjähriger die Schoáh in der Slowakei überlebt und die posthume Ehrung der Retterin. Konstanz 2013.

Lili Chuwis Thau, **Versuche zu überleben** – Die Geschichte einer jüdischen Familie unter NS-Herrschaft in Lemberg und Galizien. Aus dem Englischen v. Klara Strompf. Konst.2016.

Arthur S. Trautmann, **In Auschwitz Häftling 62118** – Von Karlsruhe durch Gurs, Rivesaltes, Brest, Auschwitz, Groß-Rosen, Dachau nach Karlsruhe u. Konstanz 1940–1945. Konst. 2015.

Zsuzsa Várkonyi, **Für wen du lebst** – Ein Mädchenroman aus Männerzeiten. Konstanz 2005.

Agnes Weiss-Balazs, **"Zusammen – Zusammen"** – Von Nordsiebenbürgen durch Auschwitz-Birkenau und Ravensbrück bis Neustadt-Glewe und Wittstock 1923–1945. 2005.

Margot u. Hannelore Wicki-Schwarzschild, **Als Kinder Auschwitz entkommen** – Unsere De-portation von Kaiserslautern in die französischen Internierungslager Gurs u. Rivesaltes 1940 /42 u. das Leben danach in Deutschland u. der Schweiz. Ein Sammelband mit Texten Fotos u. Dokumenten. Konstanz 2011, 2. Aufl. 2012, 3. Aufl. 2017.

Erhard Roy Wiehn (Hg.), Jüdische Kinder und Jugendliche in der Schoáh – Ein Lesebuch der Edition Schoáh und Judaica. Konstanz 2021. ISBN 078-3-86628-696-2: Neu!

Edition Schoáh & Judaica/Jewish Studies – seit/since 1984
von/by Prof. (em.) Erhard Roy Wiehn, Universität Konstanz
Hartung-Gorre Verlag/Publishers, Konstanz, Germany
Neue Titel 04/2021 **http://www.hartung-gorre.de**

In der Reihenfolge ihres Erscheinens:

1) Erhard Roy Wiehn & Christel Wollmann-Fiedler (Hg.), **Hedwig Brenner** und ihre Künstlerinnen jüdischer Herkunft – Einer Pionierin zum Gedenken. Konstanz 2021, 135 Seiten, Fotos, 135 Seiten, Fotos. ISBN 978-3-86628-680-3

2) Erhard Roy Wiehn & Christel Wollmann-Fiedler (Hg.), **Zwi Helmut Steinitz** – Vom Holocaust-Opfer zum Blumenexport-Pionier und die heilige Pflicht zu berichten. Eine Hommage. Konstanz (Januar) 2021, 125 Seiten, Fotos. ISBN 978-3-86628-691-7

3) Erhard Roy Wiehn (Hg.) **Jüdische Mädchen und Frauen in der Schoáh** – Ausgewählte Texte der Edition Schoáh & Judaica. Konstanz (Januar) 2021, 294 Seiten. 978-3-86628-684-9

4) Erhard Roy Wiehn (Hg.), **Jüdisches Leben und Leiden in deutschsprachigen Landen** – Ein Lesebuch der Edition Schoáh & Judaica zum 1700-Jahre-Jubiläum 2021. Konstanz (Februar/März) 2021, 505 Seiten. ISBN 978-3-86628-695-5

5) Edita Katzová, **Schauderhafte Erinnerungen** – Von Prag durch Theresienstadt über Auschwitz-Birkenau, Ravensbrück, Beendorf und Wandsbek nach Schweden in die Freiheit. Unter Mitarbeit von Pavel Chabr. Konstanz (Februar) 2021, 88 Seiten, Fotos. ISBN 978-86628-690-0

6) Erhard Roy Wiehn (Hg.), **Jüdische Kinder und Jugendliche in der Schoáh** – Ein Lesebuch der Edition Schoáh & Judaica. Konstanz (Februar) 2021. ISBN 978-86628-696-3

7) Erhard Roy Wiehn (Hg.), **Schoáh-Schicksale in Polen** – Ein Lesebuch der Edition Schoáh & Judaica. Konstanz (März) 2021, 116 Seiten. ISBN 978-3-86628-699-3

8) Erhard Roy Wiehn & Christel Wollmann-Fiedler (Hg.), **Verdichtete Vergangenheit** – Nach glücklicher Posener Kindheit Leiden unter NS-Terror und die Ermordung der Familie in Belżec sowie schreckliche deutsche KZ-Jahre und ein neues Leben in Israel. Ausgewählte Poeme 2016-2019. Konstanz (Februar) 2021, 88 Seiten, Fotos. ISBN 978-3-86628-698-6

9) Erhard Roy Wiehn (Hg.), **Schoáh-Schicksale in Czernowitz und der Bukowina** – Ein Lesebuch der Edition Schoáh & Judaica. Konstanz 2021, 139 S. ISBN 978-3-86628-700-6

10) Erhard Roy Wiehn (Hg.), **Jüdische Schicksale in und aus Rumänien** – Ein Lesebuch der Edition Schoah & Judaica. Konstanz (März) 2021, 162 Seiten. ISBN 978-3-86628-703-7

11) Erhard Roy Wiehn (Hg.), **Schoáh-Schicksale in und aus Ungarn** – Ein Lesebuch der Edition Schoáh & Judaica. Konstanz (April) 2021, 81 S. ISBN 978-3-86628-701-3

Christine Lipp-Peetz, **Wohin die Reise geht** – Der Weg des Dillinger Arztes Dr. Hans Wienskowitz durch Demütigungen und Entrechtungen nach Theresienstadt in den Tod 1888-1945. Konstanz (April) 2021: ISBN 978-3-86628-706-8

Zweite Auflagen:

1) Erhard Roy Wiehn, **Ghetto Warschau** – Aufstand und Vernichtung 1943 fünfzig Jahre danach zum Gedenken. Konstanz 1993, 2. Auflage (Januar) 2021, 302 Seiten, Fotos und Dokumente. ISBN 978-3-89191-626-1

2) Friedel Bohny-Reiter, **Camp de Rivesaltes** – Tagebuch einer Schweizer Schwester in einem französischen Internierungslager 1941-1942. Konstanz 2017, 217 Seiten, Fotos und Dokumente; 2. Auflage Konstanz (Februar) 2021. ISBN 978-3-86628-291-9